LI BAI

李白的故事

王艳娥◎主编

榜样的力量

榜样的力量是无穷的，好的榜样能给我们积极的思想、正确的行为、良好的习惯、完善的人格。树立了榜样就等于找到了自己前行的方向。

榜样是无比强大的力量源泉。

北方妇女儿童出版社

图书在版编目（CIP）数据

李白的故事 / 王艳娥编著. -- 长春：北方妇女儿
童出版社，2010.2（2021.1重印）
　（榜样的力量）
　ISBN 978-7-5385-4363-6

Ⅰ.①李… Ⅱ.①王… Ⅲ.①李白（701～762）－传
记－少年读物 Ⅳ.①K825.6-49

中国版本图书馆CIP数据核字(2010)第020215号

李白的故事
LIBAI DE GUSHI

出 版 人：	刘 刚
责任编辑：	张 力　刘聪聪　于 潇
开　　本：	650mm×960mm　1/16
印　　张：	12
字　　数：	128千字
版　　次：	2010年2月第1版
印　　次：	2021年1月第6次印刷
印　　刷：	三河市三佳印刷装订有限公司
出　　版：	北方妇女儿童出版社
发　　行：	北方妇女儿童出版社
地　　址：	长春市福祉大路5788号
电　　话：	总编办：0431-81629600

定　　价：33.80元

序言

　　"江山代有才人出"，在人类历史的长河中，涌现出一大批影响世界的风云人物。他们或者是杰出的政治家，凭着超乎常人的坚强毅力为国家和民族的前途引路；或者是卓越的科学家，为探索自然奥秘、改善人类生活而不懈努力……总之，他们由于在某一方面做出了杰出的贡献，已成为历史长河中的航标，引领着人类走向更加深邃的精神世界和更加精彩的物质世界。

　　这套丛书不仅告诉你名人成功的事实，更重要的是展示他们奋斗的历程，展现他们在失败和挫折中所表现出的杰出品质，从中我们可以吸取一些有益的精神元素。

　　这套丛书具有以下几个特点：

　　一是人物全面。本套丛书精心选取了从古至今全世界40位具有代表性的政治家、科学家、文学家、艺术家……这些人物均在各自的领域做出了卓越的贡献，对人类历史产生了重大影响，因此被广为传颂。

　　二是角度新颖。本套丛书不是简单地堆砌名人的材料，而是选取他们富有代表性或趣味性的故事，以点带面，从而折射出他们波澜壮阔、充满传奇的人生和多姿多彩、各具特点的个性。

　　三是篇幅适当。每篇传记约10万字，保证轻松阅读。本套丛书线索清晰、语言简洁、可读性强，用作学生的课外读物十分理想，不会加重他们的负担。

　　四是一书多用。本丛书是一部精彩的名人故事集锦，能够极大地开阔青少年的视野，同时还可以作为中小学生的写作素材库。

　　培根说："用名人的事例激励孩子，胜过一切教育。"榜样的力量是无穷的，而名人是最好的榜样，向名人看齐，你将离成功更近！

人物导读

　　李白，祖籍陇西成纪（今甘肃省静宁西南），在他5岁时，举家迁入绵州昌隆（今四川江油）。20岁时离开家乡，开始了广泛漫游。他到处游历，结交朋友，向当时的社会名流推荐自己，希望得到引荐，一举登上高位，去实现政治理想和抱负。可是，十年漫游，却一事无成。他又继续北上太原、长安、东到齐、鲁各地，并寓居山东任城（今山东济宁）。这时他已结交了不少名流，创作了大量优秀诗篇，诗名满天下。

　　天宝初年，唐玄宗召他进京，命他供奉翰林，后因文章风采超然而名动一时，颇为玄宗所赏识。不久，因权贵的谗毁，李白被排挤出京。此后，他继续漫游，思想极度烦闷。

　　"安史之乱"发生的第二年，他感愤时艰，加入永王李璘的幕府。不幸，永王与肃宗发生了争夺帝位的斗争，兵败之后，李白受牵累，流放夜郎（今贵州境内），中途遇赦放还，代宗宝应元年（公元762年），病死于安徽当涂县。

　　李白一生经历坎坷，思想复杂，他既是一个天才的诗人，又兼有游侠、刺客、隐士、道人、策士等人的气质。儒家、道家和游侠三种思想，在他身上都有体现。"功成身退"是支配他一生的主导思想。

　　李白留给后人九百多首诗篇。这些熠熠生辉的诗作，表现了他一生的心路历程，是盛唐社会现实和精神生活面貌的艺术写照。

CONTENTS 目录

CONTENTS

第一章

少年时光

李　白
LI BAI

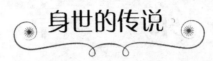

身世的传说

　　李白的祖先居住在陇西成纪（甘肃静宁西南），他的爸爸李客在隋朝末年，因为战乱逃到了大西北一个叫碎叶的地方并在此经商。他凭借自己的聪明才智，成为当地一个有名的大富商。

　　大诗人李白，在李氏家族哥们儿中排行第十二，在公元701年（武则天长安元年）的一个春天，出生在这个美丽的古城。

　　有关李白的出生，还有一个神话故事。

　　传说有一年，在八月十五的晚上，唐明皇在皇宫里宴请会仙法的道士申天师。他们边喝酒边赏月。唐明皇看着天上美丽的月亮，不禁向往起来，对申天师说："月亮真美，如果能到月亮上看一看该多好啊！"申天师哈哈大笑起来，说道："这有何难？"于是就带着唐明皇登到月亮上。月亮上有一个广寒宫，广寒宫里住着很多美丽的仙女。当他们二人来到月亮上的时候，正遇到美丽的仙女们在跳舞。每一个仙女都是花容月貌。她们的舞姿非常动人，让人陶醉。唐明皇很喜欢，于是对仙女们说："你们和我到凡间去吧，我给你们最华贵的衣服穿，最美味的食物吃，让你们过最好的生活，请你们到凡间去做我的妻子吧！"

　　正在跳舞的仙女们这才发现偷看她们的唐明皇和申天师，而唐明皇居然还说出这种话来，仙女们很生气，其中最漂亮的仙女——嫦娥，挥了挥她那宽宽长长的衣袖，带起了一阵大风，把唐明皇和申天师赶回了凡间。

第二天，嫦娥到玉皇大帝那里告状，说唐明皇违反了天条。玉皇大帝就把青龙星降到凡世去坏唐朝的江山。青龙星接到命令就下凡投胎成了安禄山。

> ◎嫦娥：女性，神话中的人物。是射落九个太阳的神箭手后羿的妻子。她美貌非凡，后来飞到天上成了仙女，住在月亮上的广寒宫里。

这个时候，太白金星站出来阻止，说："唐明皇治理国家有方，天下百姓需要和平，还是应该保卫唐朝。"玉皇大帝听了，觉得有道理，就把白虎星放下凡，让他保卫唐朝。白虎星接到命令下凡投胎成了郭子仪。

过了一会儿，玉皇大帝想了想，对太白金星说："青龙星的威力比白虎星要大，你也下凡吧，在白虎星有困难的时候帮帮他。"于是太白金星也下了凡。

太白金星一出南天门，就看到了一个美丽的地方，这里山明水秀，树木茂盛，田土肥美，就像人间仙境一样，于是决定在此投生。这时，他看到一个端庄美丽的贵妇人坐着小船在河中游玩，就摇身一变，变成一条金色的大鲤鱼，向河中游去，接着跳上了小船，跳到了那个贵妇人的怀里。这个女子就是李客的妻子，也就是李白的妈妈。好大的鲤鱼啊！她又惊又喜，当天晚上就叫仆人把鱼炖了，与丈夫李客一起把它吃掉了。不久，她就有了身孕。夫妻俩非常高兴，怀胎十月，他们又焦急又幸福地等待孩子的出生。

李白的妈妈在生下李白的前一天晚上，做了一个梦。她梦到太白金星忽然从天上掉了下来，飞进了她住的房子里，

又飞入了她的肚子里。这时，她感到肚子一阵疼痛，疼得醒了过来。这时候，一个白白胖胖的小生命便呱呱落地了。

这个神奇的梦，是玉皇大帝托梦给李白的爸爸妈妈，告诉他们，他们可爱的第十二个儿子是太白金星下凡。于是他们给刚出生的可爱的小宝宝起了个小名叫太白，但是一直到3岁还没有给他起正式的名字。

李白的爸爸李客是个大才子，在李白3岁时的春天，他看到春日院落中的葱翠树木，似锦繁花，便开口吟诗道："春国送暖百花开，迎春绽金它先来。"李白的妈妈是一个大才女，听了丈夫的诗之后，就接着说："火烧叶林红霞落。"年仅三岁的李白正在盛开的李树下玩耍，看着满树的白花，就随口答道："李花怒放一树白。"

这小孩儿的精彩诗句一出口，爸爸妈妈惊呆了。正好他们家姓李，于是正式把"李白"作为孩子的名字了。

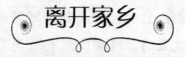

离开家乡

碎叶是一座美丽的古城。这里的人们粗犷豪迈，热情善良，李白很热爱这个地方。他喜欢和小伙伴们一起骑马，驰骋在茫茫大草原上，或者是肆意地追赶羊群，跑累了就躺在软软的草地上抬头看湛蓝的天空飘过的白云；他喜欢和这里的人们围坐在火堆旁，撕开大块的羊肉放到火上烤，待到香味四溢的时候就大口大口地吃起来；他喜欢听大人们谈天说地，喜欢跳这里特有的节奏明快的舞蹈，快乐的笑声会一直

传到远方……小李白非常喜欢这样的生活，每天都过得很开心。

这一年是公元705年（唐中宗神龙元年），李白5岁了，他非常聪明，已经能够背诵《六甲》了，而且还能背诵爸爸教的好几十首古诗了。爸爸李客很偏爱李白，并且他一直相信他的妻子在生李白那天晚上做的梦，并一直盘算着怎样培养他。

经过了很久的考虑和完备的筹划，他决定举家迁到内地去。一是因为那里物产丰富，商业繁荣，对发展他的生意很有帮助；二来可以让李白更好地接触中原文化，在学业上获得更大的进步。他想让这孩子将来通过科举考试，获得官职，为国家效力，光宗耀祖。

到内地去！当爸爸告诉李白这一决定时，李白高兴地跳了起来。爸爸总给他讲内地神奇的故事，他好想去看一看呀！那里将有新的天地，新的家园，新的伙伴……想到这些，他的心都要跳出来了。

太阳正挂在西边的大山边，把大山上的云染得红红的，照得整个碎叶城都红红的，像小姑娘刚哭过的眼睛。虽然已经是三月了，但这里的春风却依然夹着刺骨的寒意。

两个小孩子，手拉手地登上了西边的那座大山。几只长着美丽羽毛的小鸟，被他们的脚步声惊醒，叽叽喳喳地叫着，飞向了天空。碎叶河（现在的楚河）的流水轻轻地拍打着，晚霞在碧蓝的波浪里荡漾。

"阿木尔哥哥，这里真美啊！"小李白不由得感叹道。

"李白，明天早上你就要离开这里了，今天你就看个够吧！"9岁的阿木尔真诚地说。

　　阿木尔长得很高，站在草地上很有点威武。他的肩上挎着小弓箭，浓密的头发，金黄而卷曲，被风吹得很凌乱。李白却是另外一副模样：瘦小，清秀，一身淡蓝色的长袄，一双黑白分明的大眼睛闪着光彩。人们一眼就可以看出，阿木尔是一个健壮憨厚的突厥族孩子，而李白则是一个聪明伶俐的汉族孩子。

　　早在隋朝末年，李白的祖先因为避难，把家从巴蜀搬到了碎叶。一百年来，李家几代人都在这里经商，同碎叶河一带的各少数民族兄弟结下了亲密的友谊。这位阿木尔是李白的好朋友，经常领着他在草原上牧羊，送给他熟得最早、吃起来最甜的葡萄，教会他突厥语言。

　　李白虽然很高兴将回到内地，但是一想到要离开阿木尔，他还是很难过。还有那美丽的碎叶河，他和阿木尔在它的身边度过多少个难忘的日子啊！这时，李白挽着阿木尔的手，又一次漫步在碎叶河畔。明天就要启程离去，这也许是最后一次在一起了吧！

　　太阳就要落山了，两个孩子不禁都惆怅了起来。在长时间的沉默以后，终于一齐深深地叹了一口气。

　　"李白，你不是总想学射箭吗？虽然你还小，但是以后，可能就没有机会学了，今天我来教你吧！"阿木尔先开了口。

　　"是现在么？"李白有点不敢相信。

　　"是的，就是现在。"阿木尔眉尖一挑，拳头一握，有点怅然地说。

　　忽然，只见阿木尔手一拉，胸一挺，早已张弓搭箭，摆

开了架势。

"真威武!"李白惊叹道。

阿木尔没有理会,只是一动不动地挺立着,手臂不抖。箭在弦上,就是不发。过了好长时间,他才慢慢地松了弓,收起箭,换上一口气。

李白奇怪地问:"阿木尔哥哥,你为什么不射啊?"

阿木尔得意地说:"先别忙啊,你先试一试。"

李白高兴地接过弓箭,像阿木尔一样拉起弓来。他很努力地拉,但是弓丝毫不动。

"哈哈!"阿木尔亲切地笑着说:"要当神箭手,先要练铁臂膀的。你的手臂还很嫩,非下一番苦功不可。这是学箭的第一条,要记住啊!"

李白很敬佩地点了点头。

他们又一次张弓搭箭,猛然间,"嗖"的一声,箭飞向了城外的一片小树林。

李白飞快地跑向那片树林。

阿木尔大声说:"我射在第七棵杨树的树杈上,你看到了么?"

李白跑了好一阵,才说,"看到了!我摘下来给你!"

当李白跑回去时,阿木尔诚恳地拍了拍他的肩膀,一字一句地说:"草原上的大鹰眼睛是最敏锐的,要当一个好射手,眼睛得比大鹰的眼力强十分。这是学箭的第二条,记住了吗?"

"记住了。阿木尔哥哥,你能不能给我射一只大鹰玩儿呢?"

阿木尔脸一沉,说:"让大鹰自由地飞翔吧,猎人的弓

箭只射恶狼和猛虎。这是学习箭法的第三条，非常重要，你明白了吗？"

李白正在思索这些话的时候，只见阿木尔慢慢摘下自己的小弓箭，郑重地捧到李白的面前："送给你！"

李白一下子愣住了，说，"这是你爸爸亲自为你做的，是你最珍贵的宝贝，怎么能送给我呢？"

阿木尔认真地说："你是我最好的朋友，最珍贵的宝贝当然要送给最好的朋友。"

李白心头一热，拿着这副精致的弓箭，想要说些什么，却说不出来。

阿木尔拍了拍他的肩膀，说："时间不早了，你爸爸会找你的，我送你回家吧！"

李白回到家，见家人都在忙碌着，爸爸出门去向朋友们辞行，妈妈正在准备上路的车马，哥哥们正在帮管家清点账目……李白那颗小小的心在激烈地跳动，他开始翻箱倒柜地找他能够送给阿木尔的礼物。想来想去，他决定把自己最珍贵的小宝剑送给阿木尔哥哥。

第二天早上，

全家人匆匆吃过早饭，就向送行的友人一一告别。李白把宝剑送给了阿木尔哥哥，眼泪不听话地掉了下来。

马车上路了。送行的人影越来越小，努力挥手的阿木尔的身影就更小了，几乎看不到了。霎时，泪水又一次模糊了李白的双眼。他站起来，用力地挥着手，向阿木尔哥哥和美丽的碎叶城大喊："我会永远记得你……"

他真的没有忘记这里，在他长大成人后，写过一首描写兵士离别家乡去守卫边塞的诗——《关山月》，就刻画了碎叶的风景："明月出天山，苍茫云海间。"意思是说，明亮的月亮从天山的背后升起，苍苍茫茫的白云像从大海里升起来一样。这是他童年的记忆。

李白与明月

公元706年（大唐神龙二年），6月，李白一家在从碎叶回四川的路上，一路上风景绮（qǐ）丽，小李白慢慢把碎叶的风景和好友放到了心底，开始变得高兴起来。

正值盛夏，他们走到了一个叫轮台城的地方。因为李客在这里有生意上的事情，所以就暂时停在了这里。

轮台城位于天山北侧，地势较高，气候比较凉爽。在当时属于北庭都护府辖地，城区不大，却是扼守"丝绸之路"东西南北商道的一个重要收税城。

轮台城境内有大片的田地，李客在这里有自己的商店，还有很多朋友。他最好的朋友叫卜继宗。卜继宗家还有一个

活泼美丽的小女儿，叫圆月。忙了一天的生意之后，李客非常喜欢把好朋友都叫到家里来，一边吃着美味可口的葡萄瓜果，一边摇扇乘凉聊着天。小李白也非常喜欢这样的晚上。他和小圆月边听着大人们聊天，边在他们身旁玩耍。小李白好喜欢和小圆月一起玩儿啊！小圆月很爱笑，不笑的时候，她的眼睛圆圆的，像圆圆的月亮。她笑起来的时候，眼睛弯弯的，像弯弯的月亮。

这一天，他们依然像往日一样，在大人们的身边玩耍。突然小圆月被小李白不小心推倒了，她仰面躺在了草地上。小李白急忙去扶她起来，没想到小圆月却望着天空发起呆来了。小李白也向天空望去。

好美啊！天上那一轮圆圆的明月，被晴朗的夜空衬托着，显得格外洁白明亮。小李白也看得呆住了。过了好一阵，李白手舞足蹈，忘情地拍手高叫着："白玉盘，白玉盘，好大的白玉盘！"小圆月也跟着附和起来。

聊天的大人们哈哈大笑，爸爸李客笑着纠正："那不是白玉盘，那是圆月亮。"

于是，李白的脸红了，改口说："是圆月亮，圆月亮，好大的圆月亮啊！不过，爸爸你看，它多像王母娘娘瑶台上的仙镜，飞在夜空云彩中间啊！"

小圆月也跳起来拍

◎王母娘娘：亦称金母、瑶池金母、西王母，名叫做瑶琼，传说中的女神。原是掌管刑罚和灾疫的怪神，后于流传过程中逐渐女性化与温和化，而成为年老慈祥的女神形象。相传王母娘娘住在昆仑山的瑶池，园里种有蟠桃，食之可长生不老。

着小手叫着，"是呀，是呀，真的很像，真美呀！李白哥哥，我也喜欢。"并发出一串串银铃般的笑声。

李白转过脸去看着小圆月，觉得小圆月的脸圆圆的，白白的，很像天上的月亮；又觉得小圆月的眼睛圆圆的，亮亮的，也很像天上的月亮。他于是对小圆月说："圆月妹妹，你和天上的月亮一样美丽。"大人们听到了，又哈哈大笑起来。这时，有一个人说："小李白，让小圆月当你的妻子好不好呀？"小李白一脸天真地说："那当然好了。"然后转过头，拉起小圆月的手，说："圆月妹妹，等你长大了，就嫁给我吧！"小圆月看着清秀的小李白，认真地点了点头。大人们又笑了起来。

李客和卜继宗，看到这两个可爱的孩子互相喜欢，于是就给他们俩订了娃娃亲。

那天晚上，天山上的皎洁圆月，从此深深地印在李白的心里，成为他一生都拂之不去、咏之不绝的"圆月情结"。然而，小圆月在很小的时候，就生病去世了，李白并没有如愿娶到美丽活泼的圆月姑娘。所以，凡出现在李白诗中的明月都会带有一种感伤的思绪。

✺ 铁杵（chǔ）磨成针 ✺

李白小时候就是一个非常聪明的孩子。他的记忆力非常好，可以毫不费力地把书上的内容背得很熟；他的理解力也非常好，可以很容易地学会很多知识。他很小的时候，就开

始摇头晃脑地大声背诵前人有名的文章了，不仅如此，他还会做很多很难的数学题。李客非常疼爱他，并且精心地培养他。李白5岁的时候，李客就开始指导他诵读汉代著名文学家司马相如的辞赋，并常常满怀希望地对他说："孩子，你要为我们李家争气，希望你将来也成为司马相如那样有成就的人。"李白把父亲的殷切期望铭记在心，立志做一个超过司马相如的文学家。

◎司马相如（约公元前179年—公元前117年），字长卿，四川蓬州人，汉代文学家。名作有《子虚赋》、《上林赋》、《大人赋》、《长门赋》等。

李客听说眉州象耳山的老师很有学问，就把李白送到那里读书。李白也很认真地学习，与同龄的小朋友相比，他总是第一个把书上的内容学会，他的功课也是做得最好的。老师非常喜欢他，并且经常在班级里夸奖他。

一转眼，小李白已经学习一年了。因为李白太聪明了，老师讲的知识他一下子就能听懂，并且领会，所以他也有点沾沾自喜。

这一天，他觉得老师讲课讲得好慢呀，自己早就学会了。看着老师一张一合的嘴巴，李白开始走神了。他想象着教室外边的景色：宝蓝色的天空中，朵朵白云正在悠闲地飘来飘去；在阳光的照耀下，波光粼粼的小溪跳着欢快的舞蹈向前方跑去。他想，在家乡的碎叶河里，我和阿木尔哥哥总能捉到又大又肥的鱼，家乡的树林里还有活泼可爱的小白兔。这里的小溪里会不会有那么大的鱼呢？这里的树林里能不能看到可爱的小白兔呢？今天的知识我都学会了，如果逃

学出去玩儿一会儿，老师应该不会发现的。趁着老师不注意，他真的偷偷溜出了课堂。

正值春天，满山都是美丽的花，辛勤的蜜蜂忙着采蜜，美丽的蝴蝶快乐地跳舞。小李白兴高采烈地一会儿采野花，一会儿扑蝴蝶，跑着跳着就来到一条清澈的小溪旁，他看到小溪里游来游去的小鱼。"怎么能把它们抓住呢？"他正在想办法的时候，忽然看到不远处有一位白发苍苍的老奶奶坐在溪边，在一块很大的石头上磨一根又粗又长的铁杵（chǔ，棒子的意思）。那位老奶奶磨得非常认真、卖力，一下、两下、三下，大滴大滴的汗珠从老奶奶的额头上滚落，老奶奶只是抬起手用衣袖擦了擦汗，继续磨那根大铁杵。

"嚓、嚓、嚓"，声音又单调又尖锐，一直钻到小李白的耳朵里。小李白觉得非常好奇，于是跑上前去，在老奶奶的身旁很有礼貌地行了一个礼，然后轻声问道："奶奶，您好。请问您磨这根大铁杵，是要做什么呢？"老奶奶一边继续专心地磨她的铁棒，一边头也不抬地说道："我的女儿要嫁人了，我呀，要给她绣几身漂亮的衣服。但是呀，我没有绣花针了，只找到这么一根又粗又长的铁杵，我要把它磨成一枚细细的绣花针呢！"

小李白惊讶极了，瞪大了眼睛，嘟着嘴问："这么粗的铁杵怎么可能磨成一枚细细的绣花针呢？"

老奶奶停了下来，抬起头，看见小李白一脸不相信的样子，便站了起来，摸了摸小李白的头，慈祥地对他说："好孩子，只要认真努力地去做一件事，又粗又长的铁杵当然也能磨成绣花针啊！只要不停地磨呀磨呀，铁杵当然会变细变小，最后就变成绣花针了啊！”

听了老奶奶的话，李白认真地思考起来了。是的，不管做什么事情，一定要下苦功夫，包括学习。不下功夫，怎么能学到丰富的知识呢？想到自己逃学出来玩儿的事情，他感到很惭愧。小李白向老奶奶很有礼貌地行了个礼，对老奶奶说：“谢谢您，老奶奶，我明白了。我也要像您那样，做事情有毅力有恒心，才能做出大事来。”

这件事给李白留下了深刻的印象，也对他以后的学习和生活产生了积极的影响。后来凡是读书碰到困难，他就自然而然地想起老奶奶的教导，便抖擞精神，鼓起勇气，坚持不懈地奋力拼搏。正是凭着这种精神，他阅读了大量的书籍，为他后来在诗歌创作上取得成功打下了坚实的基础。

文武兼修

温暖的春风吹着柳枝摇摆，各种美丽的花儿清香醉人，又是一年的春天。一座很大的院子里，只见一高一矮两个人影，飞来舞去。忽然那个高个子哈哈大笑起来，一把抱住那个矮个子，喊道："好儿子，真是聪明！"那个高个子正是李白的爸爸李客，矮个子就是10岁的李白。

李客不仅是一个成功的商人，也是一个文武双全的大侠，此刻他正在自家大院里教他心爱的儿子李白学武功。

李客又惊又喜地放下李白，对他说："儿子，这路拳法，你学得很快，现在，你把新学的这套拳法练一遍，爸爸

帮你看看。"

　　小李白很认真地重新练起拳来。除了牢记父亲的身法之外，又自行悟出了一些招法。李客越看越高兴，大声笑道："好！"一套拳打下来，小李白没有出现一点疲惫神色，认真地站在那里听爸爸的指点。

　　"你自己悟出的这几招都还不错，但这些招式快是快了，下盘却露出了空隙。敌人如是好手，他的脚这样一钩，你就麻烦了，所以应该这样……"李客连说带比画地教了起来。

　　李白用心地听着，一边认真地思考。他非常佩服爸爸，这一天又领悟不少诀窍。

　　李客平日里除了做好他的生意之外，也经常行侠仗义，帮助他人。他知道自己最小的儿子李白与别的儿子不同，从小就非常聪明，是一个天才。同时他也非常相信妻子的梦，他坚信李白就是太白金星下凡，将来一定会成为国家的栋梁。而现在呢，小李白还是一块浑然天成的璞玉，需要他的精心加工与雕琢。

李客本意是让李白长大以后考科举，然后做官，为国家效力的，所以重点给儿子讲解当时参加科举考试用的书籍——"四书五经"。但是到了四川以后才知道，商人的后代是不能参加科举考试的。

　　儿子注定是要做国家的栋梁的，不能参加科举考试，那只能先让他成为一个优秀的人，这样才会被朝廷发现，才会有机会到朝廷里做官，为国家做贡献。所以李客让儿子读百家奇书，让儿子学武术，而不是专读"四书五经"了。

　　李白坚持广泛阅读，武功也学得很好，加上天分极高，无论是儒家经典、百家奇书，还是拳术拳法，他都过目成诵。

　　一晃五年过去了。又是一个春天的早上，李白在院子里大声背诵《子虚赋》。《子虚赋》是汉代著名辞赋家司马相如的代表作，文字铺张夸饰，波澜壮阔，气象峥嵘，如果没有深厚的文学修养功底，是根本读不懂的，而李白不但已经深刻地理解了，还把它背了下来。李白非常喜欢司马相如的文章，甚至还摹仿司马相如写了几篇《恨赋》、《别赋》。

　　爸爸李客在一旁看李白用功读书时，似乎想起了什么，忽然走进屋子里去了。不一会儿，李客从房间里捧出一个长长的木匣，郑重地放在桌上。李白好奇地走了过去，问道："爸爸，今天我要学习什么呢？"李客没有回答，而是把木匣轻轻打开。李白朝里望了一眼，感觉到银光刺眼，原来木匣中横放着一把明晃晃的三尺长剑。

　　李白惊喜交集，他早就知道爸爸珍藏着一把祖上留下来的削铁如泥的宝剑，但是从来没有看到过。"难道这就是祖

传的宝剑吗？"想到这里，他的心突突乱跳起来，颤声问："爸爸，你是教我学剑吗？"李客点了点头，从匣中拿起了长剑，脸色一沉，说："你跪下，听我说话。"李白跪了下来。李客说："剑是所有兵器里最难学的，我们李家的剑法更是博大精深。你聪明勤奋，要学好剑术，不算一件困难的事情。爸爸希望你学好剑，不光是要保护自己，还要保护你能够保护的所有的好人，并且不随便伤害任何一个无辜的人。"李白恭敬地磕了一个头，说："是，爸爸，我听你的话。"李客接着又温和地对李白说："爸爸知道你是一个心地善良的人，并且你很聪明，应该能明辨是非。但是，世界上的事情并不是像你想象的一样，好人与坏人分得很清楚，好人也许是坏人，坏人说不定是好人，或者说好人有时候可能变坏，而坏人有时候也可以变好，所以你要常常有宽容的心，这样就不会误伤别人了。"李白又恭敬地磕了一个头说："是，爸爸，我一定听你的话。"李客接着说："这就是我们家祖传的宝剑，爸爸知道，咱们家里你最聪明，也最善良，等你学成之后，就把这把宝剑传给你。你要记住我们的家训：路见不平，要拔剑相助；为国为民，可以牺牲自己。""孩儿遵命！"李白干脆地回答，又转身走向宝剑，跪在地上恭敬地磕了一个头。

这时候，李客才把李白扶了起来，然后命令李白站在一边。他郑重地拿出宝剑，一招一式地给李白演示起来。

在阳光的照耀下，那柄宝剑熠（yì）熠生辉。李客的剑舞得很娴熟、优美而又矫健，越来越快，到后来，只能看到一团团白光绕着李客滚来滚去。李白看得眼花缭乱，怎么睁

大眼睛都看不到爸爸的确切位置了。李白跟随爸爸学了五年的拳法，有一定的武功基础，眼力比小时候要好许多，但是依然看不清楚爸爸如何用剑、如何转身的。他知道他要学习的东西还有很多。

忽然，白光一闪，宝剑像流星一样飞了出去，"嗤"的一声，插入门前的一株大松树中，剑刃全都插进去了，只留下小小的剑柄，两个人手拉手都抱不过来的大松树被震得左摇右晃起来。

李白知道松树的树干质地致密，刚才看爸爸舞剑的时候，虽然看不清楚爸爸的动作，但是能看出剑身不停颤动，剑刃应该是刚中带柔的，谁知道这样轻轻地一扔，一柄长剑的剑身竟全部插入了树干之中，于是惊奇得张大了嘴，好半天才缓过神来。李白这才说："爸爸，我要努力学得和你一样好。"

又是一年春天。清晨，迎春花丛中，一个身穿白衫的青年男子正在舞剑。长剑一出，便使出一招"有凤来仪"，接着又使出一招"金雁横空"。长剑在头顶划过，光闪闪的，再一钩又一挑，轻轻巧巧地又变化为"钟鼓齐鸣"。剑越舞越快，到后来，只能看到一团团白光滚来滚去，根本看不清穿白衫的青年男子的具体位置了。这个穿白衫的男子不是身怀绝技的李客，而是刚满18岁的李白。

"好！"一棵杨树的后面传来了叫好声。李白停了下来，向四周看去。只见一个穿蓝色长袍的中年人手捋（lǚ）胡须，满脸笑容地看着自己。"爸爸。"李白恭敬地施了一个礼。看到爸爸很满意自己的表现，李白不禁自豪起来。

李客走过去，温和地抚摸着李白的头，说："白儿，真是聪明，爸爸的武功全都教给你了，该读的书也全都教给你了，爸爸再没有能够传授给你的了。"

18岁的李白用"铁杵磨成针"的精神，熟读了诸子百家、前人的诗词、各种史籍笔记，还学会了李客一流的武功。对于儿子的成绩，爸爸李客非常满意。

◎诸子百家："诸子"指孔子、老子、庄子、墨子、孟子、荀子等人物；"百家"指儒家、道家、墨家、名家、法家等学术流派。"诸子百家"是先秦至汉初各个学派的总称。

有一天，李客对儿子说："孩子，你现在已经长大成人了，该去外面见见世面了。我听别人说，在岷山南面大匡山（四川省江油县西北）上，住着一个叫赵蕤（ruí）的隐士，学问渊博，舞得一手好剑，还很讲义气，很多人都想拜他为师，但是，他很少收徒弟。听说他喜欢聪明且正直善良的人，希望能收到这样的徒弟，我想以你的才华，可以上山去拜访他，希望会有拜他为师的机会，然后多学学本领，将来做一个对国家有用的人。"

李白兴高采烈地说："我也听说过这个叫赵蕤的隐士，并且非常仰慕他，很想拜他为师呢！"

爸爸看着虽然学业有成，但是从来没有遇到过挫折的单纯的李白，又有些担心地说："白儿，那位隐士如果没有收你为徒，你也不要伤心难过，就快点回家来吧。"

李白自信满满地说："爸爸，你放心，我一定会让他收我为徒。如果他不收我为徒，我就住在那里，继续复习你教

给我的那些本领，和别的到那里的人切磋，让自己的本领更多，再请求他收我，直到我能向他学艺为止。"

爸爸看着执著的李白，放心地笑了。

✳ 从师赵蕤（ruí）✳

虽然家里面是做生意的，李白从小就跟着家人从西走到东，从南走到北，但他还从来没有独自出过门呢。妈妈一想到李白要单独出那么远的门，既舍不得，又担心。她一连好几天飞针走线，用最好的丝绸，亲自为李白做了两套新衣服，并在衣服上绣上了展翅欲飞的大鹏鸟。

临走的前一天晚上，妈妈把李白叫到房里问话："白儿，明天就要走了，东西都准备好了吗？"

李白说："妈妈，你放心吧，一切都准备好了。"

妈妈又说："你和谁一起去呢？我让和你一起长大的小书童丹砂陪你去吧！"

李白解释说："妈妈，这一次我要自己去。我想拜赵蕤隐士为师，他一定会收我为徒的。当人家徒弟，是不能带书童的。"

妈妈笑了，说："白儿真懂事。不过一个人出门在外，一定要事事注意，处处小心啊！"

她仔细地看着18岁的李白，小脸儿红扑扑的，眼睛大大的，闪着光彩，依稀有丈夫李客年轻时的影子。

李白被妈妈看得不好意思起来，于是说："妈妈，我长

大了，一定能照顾好自己的。"

妈妈抚摸了一下李白的脸，说："你这一走，也不知道什么时候能回来。"说完，从身后拿出一个宝蓝色的包袱放在桌上，慢慢地打开，从里面拿出她辛苦了好多天做好的新衣服，对李白说："白儿，过来试一下。"

穿上新衣服的李白，显得格外清秀、俊朗。李白看到衣服上绣的大鹏鸟，问妈妈："为什么要绣这只大鹏鸟呢？"

妈妈说："妈妈希望你像一只大鹏鸟一样，经过自己的努力，学好本领，做最出色的人。"

李白眼含热泪，对妈妈说："妈妈，我记住了，我一定会努力的。"

第二天，李白告别了爸爸妈妈和哥哥们，独自挎着包袱、雨伞，拿着一柄宝剑就出发了。

大匡山是一个非常美丽的地方，它背倚着巍峨的龙门山，下临清澈明净的让水河，树木茂盛，有很多悬崖峭壁和从天而降的瀑布。离家一个月后，李白来到了这里。在这里隐居和游玩的人很多，这座山也很大，虽然赵蕤隐士很有名，但是找起来还真是费了一番周折。李白问了很多人，才找到赵蕤住的地方。

赵蕤隐士别号叫东岩子，他是一个博学多才的人，对战国时的外交学说进行了深入研究，对国家的治理方法也很有自己的看法，他把他的学习心得写成一部书，书的名字叫《长短经》。这本书集中了古代儒家、道家、法家、兵家和阴阳家的思想，记述了治理国家的谋略、选拔国家人才的方法、人世间的善良与邪恶四个方面的内容，是一本难得的好书。此书一写好，大家争相来看，看后都觉得很有收获。皇帝听说有这样一本好书，让大臣拿一本来看，看过之后，觉得赵蕤是国家的栋梁，就一次又一次地下诏书，让他到朝廷做大官，但都被赵蕤婉言谢绝了。赵蕤说，他只愿在风景秀丽的大匡山中做一个悠闲自得的隐士。因为这件事，大家都叫他"赵征君"。

这天，他正坐在书房里专心致志地写他的文章，一个仆人敲门走进来说："赵先生，外面有一个书生找您呢！他来过两次了，您都没在家。"

"是么？那让他进来吧。"赵蕤说道。经过仆人引路，李白很有礼貌地走进了书房。他看到桌前坐着的目光清朗的中年人，就知道他一定就是名扬天下的赵蕤，于是上前一抱拳，说："我是李白，到这里来就是要拜您为师的。"说着，就俯身下拜。

赵蕤连忙站起，把李白扶了起来，问道："你的故乡在哪里啊？"

李白回答说："我们家原来在陇西，祖上曾经是汉朝守边疆的将军。"

赵蕤又问："你都学过什么呢？"

李白说："我5岁的时候就能够背诵《六甲》，10岁的时候就开始看百家的书。"

赵蕤再问："你有什么作品么？"

李白大声地吟起了他的新作：

> 犬吠水声中，
>
> 桃花带露浓。

树深时见鹿，

溪午不闻钟。

野竹分青霭，

飞泉挂碧峰。

无人知所去，

愁倚两三松。

这首诗描写的是李白寻找赵蕤的情景。诗的大意是说，大匡山的狗叫声和泉水的叮咚声相杂在一起，粉红的桃花上挂着晶莹的露水，娇艳欲滴。在深林里时而可以看到一只只活泼的小鹿；到了中午听不到赵先生家鸣钟的声音，我知道您已经外出了。只见青青野竹生于烟雾迷蒙的青色云气之中，小溪源头的瀑布从青碧的峰顶上飞流直下。您不在道院里，没有人知道您的去向，我惘然若失，只好于两三棵松树之间，在这一棵树上倚一会儿，在那一棵树上倚一会儿，可您仍然未归。

赵蕤听后，紧紧握住李白的手，激动地说："青年人啊，'愁倚两三松'这句诗说得真好。"

李白微笑地点点头，说："谢谢师父夸奖。"然后又说，"今日和师父相遇，所有的烦恼都没有了。"

赵蕤哈哈大笑，吩咐仆人说："来，给这位年轻的公子搬一把椅子。"然后亲自给李白沏了一杯茶。他们快乐地聊起天来。

李白喝了三杯茶之后，赵蕤用手蘸着茶水，在桌子上写了一个"曌"（zhào）字，开始了"口试"之后的"笔试"。他问李白："这个字你认识吗？"

李白大声说道："'曌'，这是武则天造的字。"

赵蕤又说："我现在出一个上联，请你对一个下联。"说完后，就蘸水写了"室有三层山在上"七字。李白喝了一口香茶，略微思考了一下，便手蘸茶水，写了一个"望"

◎武则天：（624年—705年），汉族。中国历史上唯一的女皇帝，也是继位年龄最大的皇帝（67岁继位），又是寿命最长的皇帝之一（终年82岁）。唐高宗时为皇后（655年—683年）、唐中宗时为皇太后（683年—690年），后自立为武周皇帝（690年—705年），改"唐"为"周"，定都洛阳，并号其为"神都"。

字，接着又写了"翌有二曜日当头"七字，问赵蕤："这样对，可以么？"赵蕤看了，拍手叫好："真是一副好对联呀！李公子，你真是一个大才子呀！"

赵蕤说着就叫来了他的夫人，让她也来见一见他的少年朋友李白。然后又让仆人们去杀鸡设酒，为李白接风洗尘。吃饭的时候，赵蕤对李白赞不绝口，说："我这个下联，想了好几个月都没有想出来，想不到李公子只想了一会儿，就对上了，而且还对得那么好，你一定会很有前途的！"

李白恭敬地问道："赵先生，我可以拜您为师么？"

赵蕤大笑着说："那当然，你以后一定会比师父更优秀的。"

自此，李白开始了在大匡山上的学习生活。

黎明，当启明星在天上闪耀的时候，师徒二人就开始一起舞剑；吃过早饭，两人就开始读书、讨论、写文章。李白原本就是一个非常聪明的人，加上以前积累的知识也很丰富，许多问题一经师父的点拨，就能立即领悟。慢慢的，他对历史上的重大事件和著名政治家的功过，都有了自己的分析和判断。

空闲的时候，李白弹琴，师父写字。李白的琴弹得非常好，赵蕤的书法也写得非常好，尤其是行草。李白后来写得一手飘逸的字，就是向赵蕤学的。在李白来大匡山以前，赵蕤写字不让别人在旁边看，而且把门呀窗呀都关上，自己一个人写。自从收了李白这个徒弟之后，因为非常喜欢这个徒弟，就破例让他在旁边看。有时候他边写，还边要求李白为他弹琴助兴。

夏天来了，又到了一个百花盛开的季节。在一个月亮很大很明亮的晚上，赵蕤和李白在一块大石头上一边欣赏着山里的美丽景色，一边开怀畅饮。不久他们两个人都喝醉了。这时，赵蕤说："徒儿，这美丽的景色，如果再配上你美妙的琴声的话，那简直就是天上神仙的生活了。"

李白哈哈大笑，说："徒儿愿意为师父弹奏。"

赵蕤吩咐他的仆人说："快去，把家里最好的琴拿来。"

不一会儿，那个仆人就拿来了一个精美的琴匣。李白心想，这个琴匣这么精美，里面的琴也一定很漂亮。正想着，那个仆人小心翼翼地把琴匣打开。对琴很有研究的李白一看便知，这把琴是用最好的木做成的，并且年代久远，是一把非常贵重的琴。

赵蕤自豪地说："徒儿，师父虽然琴弹得没有你好，但是，师父的这把琴可是很宝贵的啊！"然后亲切地看着李白，说："最好的琴手配上最好的琴，今天我们就一起做一

回神仙吧！"

李白激动地从仆人的手中接过琴，将琴抱在怀中，爱不释手。

赵蕤连连催促："良辰美景，快点弹啊！"

李白连忙调了调琴，开始弹起来。这把古琴的音质确实非常美，但是，因为喝得太醉了，李白的心有点抖，手也有点抖，怎么也弹不成曲调，不得不停了下来。赵蕤看到此情景，非常着急，一再催促李白，哪知李白将琴放在一旁，却作了一首诗：

> 两人对酌山花开，
>
> 一杯一杯复一杯。
>
> 我醉欲眠卿且去，
>
> 明朝有意抱琴来！

这首诗的意思是：两个人对着山里美丽的花朵喝酒，一杯又一杯，我已经喝醉了想要睡觉，你不要再等我弹琴了。如果你真的很想听的话，明天一大早就把琴抱来，我好好地为你弹奏一首。这首诗写得很随意，但活泼有趣，赵蕤虽然没能听到李白弹奏的悠扬的曲子，却意外地得到李白的一首诗，依然非常高兴。

为了让生活过得更加丰富多彩，赵蕤时常带着李白到山上采药。后来，他们又亲自动手，在大匡山的山坡上开辟了一个小小的园子，饲养了许多奇禽异鸟。

就这样，李白随赵蕤在大匡山读书学剑，过着充实而丰富多彩的生活。一年以后，赵蕤就将他平生学习的所有知识和一身精湛的武艺，全都教给了他心爱的徒弟李白。

✷ 辞师远游 ✷

李白师徒二人的奇妙的百鸟园，又招来了许多野外的小鸟。每天不管是在赵蕤的家里、院子里还是附近的山上，都会百鸟齐鸣。这些鸟儿都很听李白师徒的话，一声呼唤就会飞到二人身边。不管他们到哪里，身旁都会围着一群群美丽的小鸟，大家看了都觉得很惊奇，不久这件事被远近传作奇闻，也引起了广汉刺史的兴趣，他很想看看这件神奇的事情。

一天，他吩咐几个差役抬着轿子前呼后拥地上了大匡山。经过仆人的通报，赵蕤和李白出来迎接。

刺史本来是趾高气扬地来的，但是一看见赵蕤和李白师徒二人清逸洒脱、气概不凡的样子，不免自惭形秽起来。

"刺史大人亲自上山，不知有什么指教？"赵蕤客气地问道。

"久闻先生大名，下官十分敬仰。只是因为公务太忙，所以一直没能来拜望……"刺史恭敬地说道。

赵蕤微笑着说："刺史大人言重了，我不过是一个山野村夫，哪里敢惊动您呢！"

刺史客气地说："听说，您能像神仙一样和鸟儿在一起，并且鸟儿都非常听您的话，在下觉得非常神奇，所以想请您让我一饱眼福。"赵蕤说了声"请"，就把刺史让进了百鸟园里。

这时，正是阳光灿烂的夏日早上，百鸟园的花儿带着露

水，娇艳欲滴，还散发着清新的香气；各种美丽的鸟儿在园子里飞来飞去，唱着婉转的歌儿。刺史被眼前的美景惊呆了，连声赞叹起来。忽然，他像想起了什么似的，扭头问："赵先生，你们的鸟儿不关在笼子里养，难道不怕它们飞走，再也不回来吗？"

没等师父赵蕤开口，李白就上前一步，说道："人自由才幸福，鸟高飞才快乐，有志气的鸟儿是不能呆在笼子里的。"

刺史看着年轻的李白，问道，"你是李公子吗？"

"不错，小生就是李白。"李白彬彬有礼地回答。

刺史见李白那么年轻，就能说出上面那句颇有才气的话，打算考考他。他指着落在李白肩上的小鸟问："小兄弟，这只小鸟是什么鸟呢？"

李白一下子就明白了，其实刺史在讽刺他，说他不过是一只很小的飞不高的小鸟。于是李白随口答道："这种鸟儿，有一个非常好听的名字，叫'潜鹏鸟'。"

刺史摇了摇头，说："天底下哪有这种鸟啊！"

李白回答说："《庄子》中有一篇文章叫《逍遥游》，里面就记载着这种鸟儿：大鹏鸟的脊背不知道有几千里，它飞起来的时候，翅膀就像垂在天边的云。当海里起大风的时候，它就要飞到南海去。它飞往南海的时候，一双翅膀激起的水花有三千里远，它会像旋风一样地来回飞翔。向上一冲，能冲向高空九万里。这种大名鼎鼎的大鹏鸟，大人您没有听说过么？"

"哈哈，可你肩上的这只不是大鸟，只是一只很小的鸟啊？"刺史和蔼地看着年轻的李白说。

"大鹏鸟胸怀壮志，正在等待时机飞翔。平时，它默默无闻，化为不显眼的小鸟，潜藏在深山密林里面。所以，这种鸟儿现在叫做'潜鹏鸟'。您可别小看了它，一旦等到时机，他就能显露出雄健巨大的身姿，在天地间做一番轰轰烈烈的大事呢！"李白从容地回答道。

刺史被李白的才华折服了。他诚恳地对赵蕤说："李公子的话大有深意，徒弟已经如此优秀，那么师父一定更加才华横溢了。今天能够受到两位高人的接见，真是三生有幸。不过，依下官看来，您二位确实称得上'大鹏'，而大鹏终究要离开山林的，请你们到官场上飞黄腾达吧！如果你们愿意的话，下官倒是可以全力向朝廷推荐你们。以下官目前的地位、名声以及二位高人的才华，朝廷一定会让你们做大官的。两位觉得怎么样呢？"

赵蕤微笑着说道："刺史大人，您可能不知道，当今天子已经好几次下过诏书，让我去做官，我都没有去。我不想出去做官，只想在这美丽的山林里做一个快乐的人。"

刺史感到非常惋惜，但也表示愿意尊重师徒二人的意愿，就不再说让他们去做官的事了。在赵蕤师徒二人的陪同下，游玩了百鸟园之后，就向他们告辞了。

当天晚上，赵蕤把李白叫到书房。本来这个时间，应该是他们一起谈古论今、读书写文章的时候，但是今天，他们没有讨论《长短经》，而是讨论白天发生的事情。

赵蕤问："白儿，今天你借大鹏鸟来寄托自己的志向，真是不同凡响。那个刺史大人也很欣赏你，你以后有什么打算呢？"

李白说："那个刺史大人要推举咱们，让咱们做官，不过是让我们有名声，有高官厚禄。而我们如果做官，却是要治国安民，让老百姓都过上幸福安乐的日子，让天下太平的。"

赵蕤叹息道："不错，当今官场上大都是庸庸碌碌的小人，如果让他们来治理国家，让人民安居乐业，那真是比登天还难呢！白儿，你心中的榜样是什么人呢？"

李白的眼睛闪着光，他不假思索地回答："鲁仲连和诸葛亮。"

"好，有志气！"赵蕤高兴地说。然后他思索了好一会儿，郑重地对李白说："白儿，我已经将我全身的本领都教给你了，古代的贤人说：'读万卷书，行万里路。'有字的书，你已经读得不少了，现在你需要读的是无字的书。你的家乡和大匡山，对于你来说也确实太小了。你需要走出家乡，走出大匡山，将来还要走出巴蜀（四川），到广阔的神州大地上去闯荡！"

师父忽然说出这番话，李白很惊讶，他连忙对师父说："师父，您的话弟子一定牢记在心，不过弟子还想追随师父继续学习……"

赵蕤打断了李白的话，摇了摇头，说："白儿，你已经20岁了，在这里已经学习近两年了，你就像一只应该出窝的小鹏鸟，现在已经到了学习独自飞翔的时候了！就像学习走路，师父也只是扶你走几步，给你指指方向，脚下的路还得你自己去走。以后你都得靠自己，不过，如果你遇到困难，还可以找师父的啊！"

李白点了点头，说："弟子明白了。"

接着，他们讨论李白以后要做的事情，越谈越热烈，直到东方露出鱼肚白。

没过几天，年满20岁的李白袖子里放着自己写的诗赋文稿，腰间佩着爸爸送的宝剑，带着赵蕤送给他的传世宝琴，开始了他的远游。

第二章

辞亲远游

初露头角

李白告别师父之后，决定先回家看看。他独自走在成都郊外的路上，边走边想：不知道爸爸妈妈的身体好不好；我离开家的时候，小丹砂的琴就已经弹得很好了，不知道他现在做什么，他有没有想我呢！

忽然，一阵人喊马嘶的声音由远而近传了过来。李白抬头一看：大路的那一头，烟尘滚滚，几个差役模样的人正驱着大马车往前赶路。他数了数，应该有好几十个人，他们骑马的骑马，坐车的坐车，迎面奔了过来。路边还站着不少人排队等着迎接呢！他心想：好大的气派呀！

李白左看右看，跑到路边排队的那些人中，对一个侍从模样的官员说："请问，这是哪位大人驾到啊？"

那个人上下打量了一下李白，见他仪表不凡，又彬彬有礼，就低声说道："这是当朝礼部尚书苏颋（tǐng）苏大人，他今天来到益州（现在的四川省成都）大都督府当长史来了。"

"啊，这就是许国公苏颋老大人吗？"李白吃惊地问。

◎苏颋：（公元670年—727年），唐朝大臣、文学家。字廷硕，京兆武功(今陕西武功)人。后人编有《苏颋硕集》。

"正是。他今天刚到剑南，现在正在路边的小亭子里休息呢。"

李白一下子想起师父赵蕤曾经对他讲起过这个苏大人，说他是当代的大文学家，写得一手好文章，非常有才华。并

且此人为人清廉正直，能够选拔贤才。对，不能错过与苏大人相识的机会。于是，他从袖中取出自己写的几篇诗赋，双手递给那位官员，说："我是四川草民李白，写了几篇诗赋，能否请您转呈给许国公一阅？"

官员看了一会儿李白用飘逸的小楷写的诗赋，又看了看李白，想了一会儿，对李白说："苏大人旅途劳累，不知道肯不肯看您的文章，不过，我去试一试吧！"于是转身向苏大人呈报去了。

不一会儿，那个官员高兴地跑了回来，对李白说："苏大人有请！"

李白拱手致谢后，就跟着这位官员向小亭子走去。

苏颋是一个五十多岁的老先生，正端着茶杯坐在亭子里和其他人闲谈。

李白走到他的面前，拱手行礼。苏大人一看李白英俊洒脱，一表人才，心中就很喜欢。不等李白说话，他就微笑着示意李白在身边坐下，然后指着李白呈上的那卷诗赋，亲切地说："你的文章出语不凡，雄健奔放，名言警句层出不穷，文辞流利华美而思想通达，每一句都能打动我的内心，真是很钦佩啊！"

"晚生学问浅薄，还请老大人多多指教。"

苏颋指着一篇《登锦城散花楼》，对李白说："这首诗写得真美呀，让我似乎看到了烟霞的山峰，草树的春景，顿时觉得心旷神怡。"

"大人过奖了。"李白谦逊地说。

苏颋又拿起另外一首《大猎赋》，津津有味地读了起

来。他仿佛看到了一幅幅雄伟壮观的图画，画面上是英武过人的开元天子唐玄宗李隆基骑着骏马在纵横驰骋……

"太好了！"苏颋热烈地赞扬李白的才华。他不觉地站起身来，对坐在他身边的幕僚们说："李白这位少年，才华横溢。文章飘逸优美，气势磅礴，确实是少见的人才。我刚才读完了他两篇文章，真是爱不释手。如果再努力学习，将来可以和汉赋大家扬雄和司马相如相媲美呢！"

"多谢老大人指点！"李白连忙起身，又恭恭敬敬地行了个礼。

"现在正是朝廷用人的时候，今天我有幸拜读了你的文章，觉得如果朝廷有你这样的人才，是国家的幸运啊！我一定会向皇上推荐你这个不可多得的人才的。"

李白又一次道谢。

苏颋越看李白越喜欢，于是拉着李白的手说，"要不，你就在我这里当一个小官吧。不知道你愿意不愿意？"

"多谢老大人的提拔。"李白回答说，"爸爸和师父曾告诉我，大丈夫一定要胸怀天下，向往四海。现在我的阅历还很少，所以很想花几年的时间，带着我的宝剑，走遍祖国各地，积累一些阅历。到那时，再为朝廷和老百姓做点事情吧！"

"大丈夫理当如此！"苏颋爽朗地笑了起来。

李白继续向家乡走去。他还不知道，苏颋对他的称赞已经像长了翅膀一样，飞向了家乡四川的角角落落。大家都知道了四川有一个叫李白的才华横溢的年轻才俊。

就这样，李白在故乡崭露头角。

侠肝义胆

　　"十二公子回来了！"门外的老仆人看到了李白，飞快地跑回家去，大声地向家里报告。

　　屋子里一下子跑出了很多人，有要好的哥哥，也有看着李白长大的仆人，还有和李白一起长大的小书童丹砂。

　　大家都亲热地向李白问东问西，李白也跟着东一句西一句地回答。大家就这样在门口谈论开了。这时候，小书童丹砂说："公子，你还是赶紧去拜见大人和夫人吧！他们都非常想你呢！尤其是夫人，好几次对我说起你的时候，都眼含热泪，很不放心你呢。"大家也异口同声地称是，然后让出一条路，让丹砂带着李白去拜见他的爸爸妈妈了。

　　见过爸爸妈妈之后，李白向他们讲述了这两年的学习情况。爸爸看到儿子长高了、长大了，并学了很多新的知识，很是开心。妈妈则很关心李白的生活，问他过得好不好。聊了一会儿后，李白郑重地向爸爸请求说："爸爸，这两年我虽然学习了一些知识，但是觉得自己的阅历还很浅，我想拿着我的宝剑，游历四方，多增长一些见识，以后再为国家和老百姓做事情。"

　　李客激动地站了起来，说："好！有志气！不愧是爸爸的好儿子！爸爸很支持你！"

　　李白的妈妈听到了，却一下子流下了眼泪，她哽咽地说："白儿，你又要走了，你知道妈妈有多想你吗？"

　　李白也难过了起来，过了好一会儿，说："妈妈，大丈

夫志在四方，你也说过，希望我做一只大鹏鸟，做一个对国家有用的人，那么我现在正在努力。妈妈，请原谅我。"

妈妈抚摸着李白的脸，说："儿子，我知道，不过这一次，你不要孤单一个人走了，带上你的书童丹砂吧，这样我才放心。"

站在旁边的丹砂非常高兴，连忙对李夫人说："我一定会照顾好十二公子的。"

过了几天，李白就带着他的宝剑，拿着他的诗赋，和小书童丹砂辞别家人，到远方游历去了。

他们两个人由青莲乡出发北上西去庭州，途经甘肃陇西、临洮、兰州、凉州、肃州、敦煌，出玉门关，涉流沙，穿戈壁，又经伊吾、西州、轮台，再向东到达北庭。

这一天，李白和丹砂从山上游玩回来，打了几只野兔，跑到山下的一家小酒店里喝酒。这里人烟稀少，连个人家都没有，走了好久，才看到这家小酒店。一进门，丹砂就喊道："小二，上好酒。把这鲜兔拿去炒了下酒。"于是一个老爷爷把野兔拿到了厨房。

李白、丹砂二人兴高采烈地找了一张桌子，坐了下来。这时，走出了一位面容俊秀、体态婀娜的青衣少女，她的头发扎了起来，上面还插着两支银钗。她清脆地说了声："先生，请稍等。"就料理酒水去了。过了一会儿，那个美丽的少女低头托着一个木盘，在他们面前放了杯子、筷子，将两壶酒放在桌上，又低着头走开了。

李白主仆二人正打算先喝点酒解解渴，忽然看到外面进来了五个人。他们打扮得都很斯文，看起来像是读书人，但是说话却非常粗鲁。其中一个人对着那个少女大喊大叫："丫头，快拿些好酒来给我们五位爷喝！"

那个少女吓了一跳，然后客气地说，"先生们，请你们稍等。"当少女低头送酒时，那个人不怀好意地伸出手，一把抓住那个少女，摸了一下她的脸，色迷迷地笑着说："姑娘，你叫什么名字呀？有没有定亲啊？"那个少女顿时羞红了脸，挣开了那个人的手，向后面退去。这时候，那个人一下子把那个少女抱在了怀里，少女吓得大哭起来，而其他四个人则一齐大笑起来。

李白看到此种情景，非常气愤，伸手往桌上重重一拍，怒声道："住手！光天化日之下，竟敢做出这样的事情！"

那五个人中长得很健壮的一个走到李白面前，上下打量了一番，看他清瘦的样子，轻蔑地笑着说道："'这样的事情'怎么了？我们的这位爷可以买了她，也可以杀了她。这位公子想英雄救美吗？"话音未落，左手已一拳向李白的脸上打了过去。李白身子一闪，躲了过去。这时，那五个人一齐拿出了随身携带的剑，剑光闪闪，向李白二人刺去。丹砂不会武功，李白既要忙着接招，又要保护丹砂。好在李白学的武功很精湛，那五个人一齐上也奈何不了他。

那五个人只看见宝剑发出的闪闪白光绕在李白二人周围，却辨不清李白手中宝剑的具体方位。他们二人像是有神仙保护一样，长剑怎么也刺不到他们。其中一人气急败坏，用剑从上向下猛劈了过去，只听"喤嘟"一声，那把剑已被李白的宝剑削为两半。那五个人顿时呆了。

这时候，其中一个人突然把剑对准少女，李白眼疾手

快，一剑刺中了那个人的心脏，顿时血如泉涌，那人倒在地上死了。"啊！大哥！"剩下四个人急红了眼睛，一定要置李白于死地。李白也使出绝技，连刺四剑，把剩下四个人都砍死在地。

叮叮当当的一阵打杀之后，小酒店里一片狼藉。正当李白思索怎么处理这件事的时候，突然，血泊中摇摇晃晃站起来一个人，猛地用断剑刺向李白。在一旁的丹砂大惊失色，叫了起来："公子，小心！"李白迅速地转了个身，但是没有完全躲过去，胳膊上中了一剑。丹砂情急之下，拾起一把剑，狠狠地向那个刺李白的人砍去。那个人又慢慢倒下了。

李白的胳膊流出了很多绿色的血。那个少女看到了，吓得大哭起来："公子，剑上有毒。"少女的爷爷跑到李白身边，查看了他的伤口，就撕下衣袖给李白包扎上了，他眼含热泪地说："公子，多谢你的救命之恩。这种剑毒可是剧毒，你们要赶紧到神医张待诏那里诊治，不然就来不及了。这里的事情不用担心了，你们快去吧。"

于是，丹砂带着李白去找神医张待诏了。经过神医的诊治，十几天后，李白的剑毒完全排了出去，剑伤也痊愈了。

在李白养伤的北庭，有他爸爸李客的一个商界朋友，人称王员外。经王员外介绍，李白又去了北庭城南二十多里的上清宫道观静养。道观附近有茂密的森林，潺潺的溪水，向南望去天山雪峰像美丽的屏风一样，环境清幽。道观的道长告诉李白，上清宫其实就是道门祖师爷老子李耳的祭庙。当年李耳骑一头青牛出函谷关，西入流沙传道，就曾到过这里。

中秋节来临，王员外夫妇带着西瓜、鲜桃、香梨、葡萄等美味瓜果来到上清宫同李白共度佳节。当天晚上，李白思绪万千，久久不能入睡。月光照在井床前，竟与塞外八月的早霜出奇相似。每逢佳节倍思亲，一股强烈的思乡之情油然而生，于是他又低声吟了一首《静夜思》：

床前明月光，

疑是地上霜。

举头望明月，

低头思故乡。

这首诗的意思是：坐在井床上看洒在地上的月光，宛如层层白霜。抬头看那空中的一轮明月，不由得低下头来沉思，愈加想念自己的故乡。

在上清宫养伤的日子里，李白和丹砂一起尽情欣赏庭州风光，了解那里的历史和风土人情。

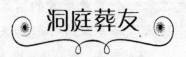

洞庭葬友

李白的伤好以后，就带着他的宝剑，拿着他的诗赋，和小书童丹砂辞别北庭的友人，到远方游历去了。

他们从峨眉山沿着平羌（qiāng）南下，这一天，他们来到了风景迷人的洞庭。

在洞庭的小客店里，李白和丹砂住下了。一天，李白沿着美丽的洞庭湖岸散步。忽然，听到乱哄哄的喊声，原来是有人投水自尽了。他急急忙忙地跑过去帮忙。

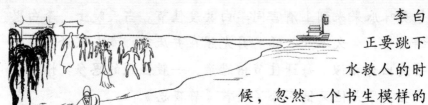

李白正要跳下水救人的时候，忽然一个书生模样的青年"扑通"一声先跳到了水里。过了好一会儿，那个青年托着一个衣衫破旧、面目清秀的年轻姑娘游了过来。大家七手八脚地把姑娘抬到岸上，却发现姑娘已经没有了呼吸。

在旁边看光景的一个男子轻佻地说："柳眉青翠，嘴唇红润，长得还不错啊！"

那个救人的青年男子浑身湿淋淋的，正在同情地看着女尸，忽然听到有人这样说话，勃然大怒，说道："住口！"

轻佻男子看到周围的人都对他怒目而视，吓得不敢说话了。

正在这时，走过来一个穿着华贵的富家少爷，在女尸旁踱了一会儿方步，居然厚颜无耻地吟起诗来：

二八谁家女，飘来倚岸边。

鸟窥眉上翠，鱼弄口旁朱。

诗的意思是说：这是谁家的小姑娘呀，怎么飘到这儿来躺在芦苇旁边，让小鸟偷偷地看她美丽的柳叶眉，让鱼儿亲吻她红红的嘴唇。

这本是一件非常让人悲伤的事情，居然还有人幸灾乐祸，李白听不下去了，厉声喝道："无耻！这姑娘不幸淹死，你居然用调戏的诗句污辱她，还有一点心肝吗？"

那个男子看了一眼李白，又看了看那具女尸，摇着扇子，带着他的随从，扬长而去了。

李白问那个救人的青年男子："这女子是你什么人？"

那个男子说："我不认识她，只是听到大家的求助来救人的，没想到，还是晚了一步。"

李白非常敬佩这位男子，便问道："我可以认识你吗？"

那男子说："我叫吴指南，四川人。"李白接着也作了自我介绍。

然后他们向大家询问这个姑娘的情况，被告知，这个姑娘是一个孤儿，昨天晚上被刚才作诗的那个富家少爷抢了去，今天早上不知怎么跑了出来，就跳到水里自尽了。李白和吴指南听后非常难过，两人一齐把这个可怜的姑娘安葬了。

当天晚上，他们二人拿着宝剑，偷偷跑到那个富家少爷的家里，把他杀了，为可怜的姑娘报了仇。

李白发现吴指南是一个很有才华的人，而吴指南则更是一下子就被李白不凡的气质和才华所吸引。通过这件事，他们结成了异姓兄弟，发誓永远不离不弃。他们一起游洞庭湖，一起到酒店喝酒论诗，一起去收集当地的风土人情。他们天天有说有笑，非常开心。

一天，他们划着小船在洞庭湖上游玩。从船上看洞庭湖，格外美丽，湖边雄伟翠绿的大山更是让人觉得心旷神怡。

"我们到山里面去看看吧！"吴指南提议。

"好呀！在湖上看山的风景都那么美，如果到山里面去的话，应该会更美丽。而且这么热的天，山里一定很清凉的。"李白附和道。

　　"两位公子还是三思而行吧，这座山里有好几只老虎呢！前几天还听说有一个上山采药的人被老虎吃掉了呢！"船夫听到他们的谈话，好意地提醒道。

　　"没关系的，老人家，"吴指南说，"我们都是会武功的人呢！再说从来没有来过洞庭，哪里有看到美丽的大山而不到那里游玩的道理呢！"然后哈哈大笑起来。

　　李白也跟着笑道："哈哈，就是，就是。"

　　李白非常喜欢这位既洒脱又有才华的吴指南兄弟。他们的爱好居然也有那么多相似的地方，李白觉得和他在一起看风景真是幸福。

　　就这样，他们一起下了船，爬上了那座雄伟的大山。果然，山上的风景比在洞庭湖上看到的还要美丽。正当他们说说笑笑的时候，忽然一阵狂风吹来，风里还夹杂着恶臭，树枝也跟着"呼呼呼"地响了起来，随后听到一声震耳欲聋的虎啸，接着听到了附近牛马因恐惧而发出的嘶叫。

　　"啊，这里真的有老虎！"他们拔出了腰间的宝剑，背对着背，定睛向前看着。突然，从树林里跳出两只威风凛凛的大老虎。"啊！"吴指南向后退的时候，一个不留神，脚底踩空，向山下滑去。

　　"吴大哥，小心！"李白大声喊道。随着这声喊叫，两只大老虎也跟着向吴指南滑落的方向跑去。

　　吴指南大声喊："李白，你不要管我，快快下山去！不然我们都会被老虎吃掉的！"

"吴大哥，你要小心，我这就来救你！"

"李白，你快走，我应付得了。"吴指南怕李白不走，情急之下，大声喊道。

这时候，两只老虎已经摆开了要吃掉吴指南的架势，虎视眈眈地盯着吴指南。李白拿着剑，在山坡上箭步如飞，向吴指南滑落的地方跑去。眼看着一只老虎向吴指南冲去，李白猛地刺出一剑，那只老虎躲开了，却向李白扑了过来。这时候，另一只老虎又扑向了吴指南。这时吴指南已经滑到了一块大石头上，并已经稳稳地站了起来，看到那只老虎向他扑来，向后一闪，拔剑向老虎刺去。但没想到那块大石有些松动，吴指南这么一用力，大石承受不住他的体重，竟然向山下滚去。吴指南一个没留意，摔了下来，头撞在了另外一块大石头上，顿时鲜血直流，一下子染红了周围的小草。

"吴大哥！"李白大惊失色。

吴指南并没有回答。那两只老虎似乎也觉察到其中的变化，一动不动地望着李白。李白的心像碎了一样，但他还是怀有一点希望，心想：也许吴大哥只是受了重伤，我把他背回去找名医调治，也许就会治好的。然后又想：就算吴大哥已经死了，也不能让老虎把他的遗体吃掉。

李白边想，边冒着生命危险与两只老虎周旋，使出了自己平生所学武功，终于以手中的长剑逼退了两只老虎。

当他抱起吴指南时，发现他的尸体已经凉了。李白抱着吴指南的尸体，悲痛地放声大哭，边哭边往山下走去。山路很长，最后李白的泪水哭干了，眼睛里开始流出了鲜血。他的哭声非常悲痛，路过的人听了都很伤心，有的人也跟着哭了起来。

当李白走到山下的时候，因为天气炎热，吴指南的尸体都发臭了。由于不知道吴指南家的具体地址，李白只好把他葬在了洞庭湖边。痛哭之后，李白带着小书童丹砂继续东游，决心在东南之游以后再来搬运朋友的尸骨。

几年之后，他确实又专门回来为吴指南迁葬。李白将吴指南的尸骨从坟墓中取出，装进口袋，他背着口袋，披星戴月地一路来到江夏，借钱将朋友的尸骨安葬了。

❋ 江陵幸遇司马承祯 ❋

转眼又到了秋天，李白到了武汉，游览了黄鹤楼、鹦鹉洲等名胜古迹。而后坐舟顺江东下到了江西，这时他的心情才慢慢好起来。李白登上了庐山香炉峰，看到庐山风光秀丽。接着，李白又看到太阳照射在香炉峰上，雾气呈现一片紫色的景象。远处的瀑布好像挂在前面的河床上，水从高空飞流直下，让人感觉是从天河中落下来的呢！于是李白作了一首《望庐山瀑布》其二：

> 日照香炉生紫烟。
>
> 遥看瀑布挂前川。
>
> 飞流直下三千尺。
>
> 疑是银河落九天。

这首诗的意思是：由于瀑布飞泻，水汽蒸腾而上，在丽

日照耀下，香炉峰上仿佛有座顶天立地的香炉冉冉升起了团团紫烟。瀑布像一条巨大的白练从悬崖直挂到前面的河流上，凌空而出，喷涌飞泻。这"飞流直下"的瀑布，使人怀疑是银河从九天倾泻下来。

这两首诗写得太美了，千百年来广为传诵。李白以其丰富的想象力，把香炉峰渲染得如此美丽，令人神往。写这首诗的那一年，李白才二十出头。

李白与他的小书童继续漫游。不久他们又到了江陵，一个风景秀丽的地方。李白的心情越来越好，每天都到山里面去看风景，看人情世故，看百姓生活，寻找自己的快乐。

有一天，当他在山顶游览的时候，遇到一个鹤发童颜、仙风道骨的老道士正在采草药。那个老道士正看着悬崖上的一株不知名的草药，想把它摘下来，无奈年纪大了，悬崖太高，爬不上去。这时，李白一个箭步，纵身轻轻跳到悬崖之上，把那株草药拔了下来，微笑着递给了老道士。

"多谢小公子的帮助。"那个老道士感激地说道。

"老人家，您真是客气了，不

过是我的举手之劳啊！"李白回答道。

"公子，你的相貌颇有些仙风道骨，器宇不凡，你这是要到哪里去呢？"

他们就这样，你一言我一语地说开了。李白出手相助的这位道士居然是受三代皇帝崇敬的司马承祯。这位司马承祯不仅学得一整套道家法术，而且写得一手好字，诗也写得很飘逸。唐玄宗对其非常尊敬，曾将他召至内殿，请教道家的经法，为他造了阳台观，还派玉真公主随他学道。

"啊，您就是德高望重的天台道士……在下真是失礼了。"李白为在这座山上见到这个备受恩宠的道士，十分开心。

"我听说您的诗写得很飘逸，很想请您指点一二。"李白恭敬地从怀里拿出自己的新作《望庐山瀑布水》和《望庐山瀑布》给司马承祯看。

李白气宇轩昂，资质不凡，加之又这样热心助人，司马承祯一见就非常欣赏。接过了李白的诗文，仔细一看，更是非常惊叹，称赞道："你的诗写得太好了，要比老朽好很多呀！在诗中，我看到了一幅幅美丽动人的图画。"

"老先生过奖了。"李白谦逊地说。

"李公子，你的仪表气度就很不一般，才情文章也超人一等，又不追慕荣华富贵，这是我几十年来，不管是在朝廷上，还是在民间都没有遇见过的人才，我觉得你简直就是神仙下凡。"

李白为得到司马承祯如此高的评价而非常高兴，兴奋之余，他把自己与司马承祯在江陵相遇一事，写成文章——

《大鹏遇希有鸟赋》，将自己比作大鹏，张开巨大的翅膀，一飞就有九万里。这是李白最早名扬天下的文章。

同时，由于司马承祯的推荐，李白才有机会到长安的天子脚下，当上一个翰林，实现他的理想。当然这是后话。从江陵起，李白开始了他鹏程万里的飞翔。

✳散金三十万✳

公元726年（开元十四年），李白在观洞庭、登庐山、游金陵之后，到达了广陵（现在的江苏省扬州市）。

在广陵城，有很多来自五湖四海的年轻读书人在此游览。李白在这里待的时间不长，却结识了很多朋友。这些读书人，禁不住诱惑，来了不久，就把盘缠花光了，最后，连吃住都成了问题。而当时李白刚到广陵，带着三十万贯钱，在那些读书人看来就是一位有钱的贵公子。他觉得大家都是有志向的，将来要成就一番大事业的人，所以也很愿意帮助他们，常常慷慨解囊，救人于急难之中。

有一次，李白和众兄弟在西湖泛舟，他神采飞扬地对大家说："大丈夫顶天立地，应该广泛结交志同道合的朋友。有的人把穷苦的书生看得轻如鸿毛，把万贯金钱看得重于泰山，这完全是势利小人的见识。依我看，真正重于泰山的是在座的各位兄弟，因为你们都是国家的栋梁之材，而轻于鸿毛的是金钱！凡是人才，总会有用武的地方；散尽的万贯金钱，还会再回来的！诸位公子，我的话是否在理？"

"对，说的有道理！"在书生们的高声附和中，李白豪爽地大笑起来。

李白意气风发，带着小丹砂走在回家的路上。他们看到一个穿得很破旧的书生模样的青年人蹲在路边卖字。走近一看，字写得清秀飘逸，文章也写得很清雅，李白正想和那个书生搭话，忽然有一个富商家仆人模样的人走过来，随手拿起一张作品，问道："这字写得不错啊！多少钱一张？"

书生恭敬地施了一个礼说："一张字，一贯钱。"

"一张破纸，怎么能卖那么贵呢？这样吧，就五文钱。"然后从鼓鼓的钱包里掏出钱来，向书生扔去。

"大哥，太便宜了，不能卖的！"那个青年人喊了起来。但是，那仆人已经走远了。青年书生失魂落魄地站在那里发呆。

这时，李白问道："小兄弟，你是不是遇到什么事情了，要在这里卖字呢？"

书生含着眼泪说："我来这里，本打算参加今年的科举考试，没想到父亲突然生病，花了很多钱，把家里的田地房子都卖了，还是没有治好，所以我只好在这里把写好的字卖些钱，给父亲治病。"

李白非常同情他的遭遇，让丹砂拿出一万贯钱，递给他说："我觉得你是一个人才，这样吧，我这里还有些钱，你拿去，一是给你的父亲治病，二是再买些田地，三是认真读书，等下一次科举考试的时候，一定会榜上有名的。"

那个书生推辞道："大哥，我们萍水相逢，不可以这样。"

李白笑道："看得出来，你是国家的栋梁之材！凡是人才，总应该有用武的地方，你快回家好好读书去吧。"

书生感激地接过钱，对李白说："我家住在广陵的乡下，我叫王炎，回去后，我一定努力读书，考取功名，为天下的老百姓做事情，来报答大哥的大恩大德……大哥，你的尊姓大名可以告诉我么？"

李白爽朗地笑了起来，说："我叫李白，字太白，你叫我太白兄就行了。"

王炎向李白拜谢之后，带着他破旧的小包袱，回家乡去了。

因为李白很有钱，加上为人豪爽、大方，找他借钱的人越来越多。每当有人请求帮助时，李白也总是有求必应。不到一年，他的三十万贯钱就全部散完了。李白和丹砂二人也由原来的客店转租到一个偏僻的小客店了。

偏偏这个时候，秋风初起，李白病倒了，却连买药的钱都没有。经常向他借钱的一些兄弟逃得远远的，生怕李白要他们还钱。也有一些心地善良的穷苦书生来看望他，但是他们也都很困难，帮不了李白的忙。

这天晚上，月色如水，从窗外洒进来。李白躺在床上，头晕目眩。"水，水……"丹砂连忙递上一杯茶。

李白接过茶喝了，看着憔悴的丹砂，轻声说："丹砂，你辛苦了。"

丹砂安慰他说："公子，你放心好了，我已经把你给家人的信送出去了，过几天，家里收到你的信，一定会很快送钱来的！"

听到这句话，李白忽然感到自己很失败，过去这么长时间了，自己却一事无成，想着想着就流下了眼泪。

丹砂看着李白难过的样子，说："公子，如果你不开心，我给你弹一会儿琴吧。"

李白点了点头，说："好久没有听你弹琴了啊！"

丹砂从匣子里拿出一架古琴，李白心中一惊：啊，那是和师父分别时，师父送给我的传世宝琴。

想到这里，李白的眼睛湿润了，他开始想家了，更想念那个把他看成大鹏鸟的、非常疼爱他的老师。

丹砂轻轻地抚琴，琴声如水，李白的心一下子飞得很远，一会儿在碎叶河边，一会儿在紫云山下；他一会儿想起大匡山上的师父，一会儿想起峨眉山上的明月，一会儿又想到至今一无所成的自己。

"丹砂，拿一支笔给我。"李白吩咐道。

丹砂拿来了笔，李白支撑着披上衣服，在桌边坐下，写下《淮南卧病书怀寄蜀中赵征君蕤》长诗一首：

吴会一浮云，飘如远行客。

功业莫从就，岁光屡奔迫。

良图俄弃捐，衰疾乃绵剧。

古琴藏虚匣，长剑挂空壁。

楚冠怀钟仪，越吟比庄舄。

国门遥天外，乡路远山隔。

朝忆相如台，夜梦子云宅。

旅情初结缉，秋气方寂历。

风入松下清，露出草间白。

故人不可见，幽梦谁与适。

寄书西飞鸿，赠尔慰离析。

这首诗的意思是说：我像浮云一样飘到了广陵，转眼就是一年了，可是创建功业的机会仍然很渺茫。如今疾病缠身，钱却已经花完了，我远大的理想还无法实现，真是叫人心焦！音色绝美的古琴还是放在精美的匣子里，削铁如泥的宝剑依然挂在墙壁上。我常常在清晨的时候想到司马相如的琴台，到了晚上，就会梦见扬雄的旧宅。如今，我和师父远隔千山万水，秋风萧瑟，白露正浓，好朋友不能见到，我能和谁做伴呢？给你写这一封信，告诉你和你分离后我的心情。

诗中慨叹时光流逝，功业未就，并抒发了病中思乡怀友的感情。

这首诗的格调非常萧瑟，神情落魄，正是他精神上、经济上陷入窘境的写照。

不久，七十多岁的赵蕤就收到了这封信，得知徒儿如此痛苦，不免担心起来。当时赵蕤的身体也不好，正在吃药，但他实在放心不下他心爱的徒儿李白，于是不顾家人劝阻，只带着一个仆人，雇了一叶小舟向东而下，心急如焚地向扬州驶去，去看望李白。结果还没到达扬州，就因为感染风寒去世了。

病中的李白还一直不知道这件事呢。不久，他收到父亲派人送来的钱，并且得知，李白的哥哥们已经离开四川，到浔阳（现在的江西省九江市）经商了。这时李白的健康已经恢复，又开始了他新的旅程。

✳ 两情相悦在安陆 ✳

李白以前读书的时候，看到司马相如在《子虚赋》中热烈赞美云梦泽的雄伟壮观，就非常向往，一直想去那个云梦泽看一看真实的风光。

在公元727年（开元十五年），李白亲自跑到安陆（现在的湖北省安陆县）瞻仰一番。身处其境，李白心里有着许多说不出的高兴。

客店的老板告诉李白，这安陆城里住着一户很有声望的人家，一门老小，个个知书达理、满腹经纶，出口成章。李白听了这番话，对这家人心生敬佩，决定去拜访一下。

"请问您找谁？"守门的仆人彬彬有礼地问。

"请通报主人，四川的李白求见。"

不一会儿，许家的男主人亲自出来迎接，把李白迎进屋里。屋里面已经坐满了人，他们一见到李白，都站了起来，拱手迎接。

"这位就是许国公苏老大人一再向咱们称赞过的李白先生。"主人向大家介绍说，"李白先生不但诗写得好，还是一位豪爽仗义的人，真是后生可畏啊！"

"晚生年轻无知，主人如此赞美，实在担当不起。"李白谦虚地说。

"李先生来得正好！"主人热情地说，"在座的诸位，都很喜爱诗歌，今天李先生光临，大家可以欣赏到绝妙的诗歌了。"

李白见大家一片真诚，不好推辞，就先吟诵了一首《峨眉山月歌》：

峨眉山月半轮秋，

影入平羌江水流。

夜发清溪向三峡，

思君不见下渝州。

这首诗的意思是：秋天，峨眉山只露出半个月亮，她美丽的影子映在平羌江缓缓流动的水里面。在这样的一个晚上，我从清溪出发到渝州去，因为月亮被两岸的高山挡住了，不能见到，所以思念。

"好，写得真是精彩！"大家都纷纷赞扬李白的才华。李白接着又吟诵了他在漫游时写的《望庐山瀑布》等几首诗，这些诗气势雄伟，变幻无穷，在座的人们都被李白美妙的诗句带到了诗情画意的情景之中了。

这个时候，屏风后面有一位姑娘正在偷听。她就是故相许圉师的孙女。她从小就喜欢诗歌，也是才华横溢，很早就仰慕李白的大名。于是，就悄悄地躲在屏风后面偷看，见李白一表人才，心里

◎许圉师：唐朝时的一位大臣，很小的时候就考中了进士。是一个非常有才华的人。曾经当过宰相，写过国家的历史。是一个非常宽厚的人。

很喜欢，又听了李白的几首诗，更是爱慕不已。此刻，她心都醉了。

这时她的妈妈悄悄地走了过来，打断了她的思路，"傻孩子，你在这里做什么？"

"妈妈，这位客人真了不起。"姑娘眼睛里闪着光彩。

"是呀，他的诗写得好，人也长得英俊，就不知道成婚了没有！"

"妈妈！"姑娘娇羞地喊了一声，就跑回了自己的房间。

不久，李白就和许姑娘结了婚。结婚以后，他们住在安陆的白兆山桃花岩。许氏夫人给李白生了一儿一女，儿子叫伯禽，女儿叫平阳。他们夫妻俩相亲相爱，经常饮酒赋诗，生活得十分美满。

李白很爱喝酒，常常和朋友在一起开怀畅饮，喝到酩酊大醉，不免冷落了妻子。酒醒后的他感到很内疚，就写了一首诗送给妻子，诗名为《赠内》：

三百六十日，日日醉如泥。

虽为李白妇，何异太常妻。

这首诗的意思是说：一年有三百六十五天，每一天我都烂醉如泥，夫人您虽然是我李白的老婆，但是因为我天天喝醉，没有办法照顾你，让你和东汉年间长年醉酒的周太常的妻子没什么两样了。

他写这首诗送给心爱的夫人，其实也是一种自嘲。许氏夫人只是微笑着不回答，表示包容了这个爱酒的大才子。

李白就这样有时远游，有时在安陆过着幸福的生活。

✺ 与孟浩然共游黄鹤楼 ✺

一天，李白正在和夫人吟诗作对，有一个仆人来报："李公子，您的信。"李白拆开一看，原来是孟浩然约自己去江夏（现在的武昌）游玩。受到最好的朋友的邀约，李白非常高兴。

第二天就和夫人告辞，赴孟浩然的邀约去了。

◎孟浩然（公元689年—740年），湖北襄阳人。是唐代一位不甘隐居，却以隐居终老的诗人。壮年时曾往吴越漫游，后又赴长安谋求官职，最后回归故园。开元二十八年（公元704年），孟浩然背上生了毒疮，于五十二岁时病故。

没多久，李白就来到了江夏，和好朋友孟浩然在一起游历了一个多月，看遍了江夏的美景，喝遍了江夏街市上的酒家。一个月后，孟浩然因为要去扬州办事，要和李白告别。李白非常难过，忽然，孟浩然说，"李公子，听说这里的黄鹤楼非常美，我们再到那里看一看吧！"

李白说："好，我曾经来过这里呢！黄鹤楼的建筑非常有特色，各层大小屋顶交错重叠，翘角飞举，仿佛展翅欲飞的鹤翼。楼层内外绘有以仙鹤为主体，云纹、花草、龙凤为陪衬的图案。登上黄鹤楼，看到的风景是非常美丽的。哥哥，到了江夏而不去黄鹤楼，那将是一件非常遗憾的事啊！"

孟浩然说："想必那里的酒也非常醇美。"

"正是，我们现在就出发吧！"

走在去黄鹤楼的路上，李白给孟浩然讲了一个他听说的关于黄鹤楼的传说。

从前，有一个人姓辛，大家都叫他老辛。因为有祖传酿酒的技术，所以开了家小酒店。虽然他很努力，但生意仍然不好，只能勉强度日。有一天，店里来了一位容貌英俊但衣着破烂的客人，他问辛先生："你可以给我一杯酒喝吗？"辛先生并不因为那个客人看起来很穷而有所怠慢，急忙盛了一大杯酒递给他。那位客人拿起酒杯一饮而尽，喝完之后并不付钱，而是神色从容地离开了。第二天，这位客人又来了；第三天，第四天，这位客人每天都要来喝一杯酒。就这样过了大半年，老辛依然每天请这位客人喝酒。有一天，这位客人告诉老辛："我欠了你很多酒钱，没有办法还你。"辛先生说道，"没有关系，因为这是我请你喝的。"那位客人说："这怎么能行呢？"于是，他从小酒店的篮子里拿出一块橘子皮，在墙上画了一只黄色的鹤，接着一边用手打着节拍，一边唱着歌。这时墙上的黄鹤飞了出来，随着歌声，合着节拍，蹁跹（pián xiān）起舞。于是，这个酒店里就有了一只会随着歌声跳舞的黄鹤。白天它随着歌声跳舞，晚上它又变成墙上的一幅画。

很多人都为能看到这种神奇的事情而拥向老辛的酒店，有些人为了看这只神奇的黄鹤，还从千里之外赶过来呢！他们看了黄鹤，就在这里住店、喝酒。就这样过了十年，老辛的小酒店就变成了大酒楼，他也因此累积了很多财富。

十年后的一天，那位客人又来到了这里。老辛一见，急

忙跑上前去道谢："感谢您给我带来那么多的财富，您有什么要求尽管说。"那个客人笑着回答说："我哪里是为了这个而来呢？"接着便取出笛子吹了几首曲子，笛声悠扬。没多久，只见蓝蓝的天空中正在悠闲地飘来飘去的一朵朵白云飞快地从天上降了下来，那个客人画的黄鹤，随着白云飞到了客人面前，客人便跨上鹤背，乘着白云飞上天去了。在场的所有人都目瞪口呆地看着这神仙离开了酒楼。

老辛为了纪念这位客人，便用十年赚下的银两修建了一座楼阁。起初人们称之为"辛氏楼"，后来，为了纪念这位驾鹤西去的神仙，人们把这座美丽雄伟的楼阁，改称为"黄鹤楼"。

"哈哈，没想到还会有这样的故事呢！不知道那个客人还会不会来。"孟浩然笑着说。

他们一路上有说有笑，不知不觉已经来到了黄鹤楼。

当真的看到黄鹤楼时，他们还是被眼前的美景惊呆了：在群山环绕中的黄鹤楼在日光的照耀下，显得非常漂亮。楼身一共五层，屋顶是尖尖顶，层层楼都是飞檐，是当时最高的建筑了。不管从楼的东、南、西、北望去都是一个样子的。最底层为一高大宽敞的大厅，正面壁上为一幅巨大的"白云黄鹤"陶瓷壁画，两旁立柱上悬挂着长达7米的楹联。而二楼到四楼的大厅墙上，则是各地的文人留下来的诗歌。

面对美景，李白自然是诗情大发。正想提笔赋诗，却见黄鹤楼的墙壁上已经有了别人写的诗作，那是崔颢的《黄鹤楼》：

昔人已乘黄鹤去，此地空余黄鹤楼。

黄鹤一去不复返，白云千载空悠悠。

晴川历历汉阳树，芳草萋萋鹦鹉洲。

日暮乡关何处是？烟波江上使人愁。

这首诗的意思是：过去的仙人已经驾着黄鹤飞走了，这里只留下一座空荡荡的黄鹤楼；黄鹤一去再也没有回来，千百年来只看见悠悠的白云；阳光照耀下的汉阳树木清晰可见，鹦鹉洲上有一片碧绿的芳草覆盖；天色已晚，眺望远方，故乡在哪儿呢？眼前只见一片雾霭笼罩江面，给人带来深深的愁绪。诗的前半部分写景，后半部分抒情，一气呵成，即使有一代"诗仙"之称的李白，也不由得佩服得连连赞叹。他想写一首比这首还要好的诗，但是想来想去，心中的美妙诗句比起墙上的这首，却还差得很远呢，于是决定暂时止笔。为此，李白还遗憾地叹气说：

"眼前好景道不得，崔颢题诗在上头！"

这句诗的意思是说：眼前的美景没办法说出来了，因为崔颢的诗写得太好了，已经深深地印在了我的脑海。

李白和孟浩然在此地喝酒话别。李白说："我们就在此分别吧！三月的扬州应该是非常美丽的，花团锦簇，每一户人家的窗上都挂着女主人绣的美丽的窗帘，门上挂着用小珠珠串起来的晶莹剔透的门帘，一片繁荣和太平。希望你一路顺风。"

孟浩然大笑着说："哈哈，应该是这样吧。好几年没有过去了，老朋友正在那里等我呢！"

说完之后，他们依依不舍地告了别。之后，孟浩然就登

舟启程了。只见孤舟扬帆，破浪前行。故人渐远，送行的李白依然伫立江边。孤帆渐渐消失于白云碧水之间，这时只有一江汹涌的波浪，奔向碧空尽处，仿佛去追赶故人。李白惆怅万分，写出了下面的句子：

　　故人西辞黄鹤楼，烟花三月下扬州。

　　孤帆远影碧空尽，唯见长江天际流。

　　这首诗的意思是：和老朋友在黄鹤楼分别，在花儿齐放的三月到扬州去。载着老友的小船离我越来越远了，终于消失在碧空的尽头，就算睁大眼睛也只能看到长江水慢慢地流向天边。

第三章

一人长安

辞妻北上

时间像流水一样，转眼之间，李白已经在安陆生活十年了。在这十年中，他和许氏夫人相亲相爱，他们的女儿平阳和儿子伯禽也已经开始懂事了。但李白不安于这种生活，他觉得自己应该为国家和老百姓做些事情了。在游历的过程中，他发现老百姓生活得很艰难，朝廷的官员又很腐败，所以他决定到朝廷里做一个大官。但他的目的不是像别人那样，想升官发财，而是要发挥自己的政治才能，像诸葛亮、鲁仲连那样，为国家为百姓做一些轰轰烈烈的大事。

当时的科举考试规定父亲是商人的家庭，其子女是不能参加科举考试的，所以李白无法通过参加科举考试去获得官职，所以，他只能不断地向当地的官员推荐自己，给安州长史的自荐信，写了又写，但都一无所获，前景渺茫。

因为这件事情，李白很忧愁。善解人意的夫人看出丈夫的心事，说："相公，想必你是为事业无路而忧虑吧。"

李白点点头说："是呀！我是一只大鹏鸟，难道我就这样平庸一辈子吗？"

夫人说："那我去找我的父亲吧，也许他会有办法。"

李白说："岳父大人会有什么办法呢？"

许夫人说："无论如何，我爷爷在世的时候做过朝廷的丞相，为人也不错，我们家在长安还有一些老朋友，让我的父亲找几个老朋友推荐你应该是可以的。"

李白想了一想，说："我的事情，怎么好意思麻烦岳父

大人呢？"

夫人说："相公，你怎么把我的父亲当成外人了呢？其实，我的父亲非常欣赏你的才华，也很关心你的事业！"

于是，夫人带着李白去找父亲。她的父亲想啊、想啊，终于说："好朋友不是很多，能把贤婿推荐给当今皇上的也只有崔宗之、许辅乾两个人了。"

夫人说："不管怎么样，我们也要试一下啊！"

父亲终于同意了，并给崔宗之和许辅乾这两位在京城当官的好朋友写了一封信。

岳父大人写完信交给李白，想到李白虽然非常有才华，但有的时候很骄傲，不

◎崔宗之：名成辅，以字行意为通常称呼其字，宗之为崔的字。被封齐国公。当过左司郎中、侍御史，后来被贬官到金陵。

够谦虚，所以又嘱咐一番："到京城里一定要谦虚，不要狂妄，对年长的人要有礼貌，对当官的要毕恭毕敬……"

李白面对岳父大人的嘱咐连连答应"是是是"，但是李白喜欢说大话的习惯是无法轻易改掉的。

公元730年（开元十八年）的春天，已经30岁的李白告别了心爱的夫人，告别了一双可爱的儿女平阳和伯禽，怀揣岳父大人的书信和为国家做一番轰轰烈烈的大事的雄心壮志，踏上了北去长安的路。

一路上风景怡人，但是一向喜欢游山玩水的李白已经没有心思再看周围的风景，在他的心中，为了国家、为了人民要做一个好官的雄心壮志正在燃烧。他知道自己脚下的路绝

对不会平平坦坦，多半是坎坎坷坷、曲曲折折、荆棘丛生。但无论道路多么艰险，他都一定要坚持。李白还是当年那个仗剑去国、辞亲远游的李白，肩上背的还是当年父亲交给他的那把宝剑，只是十年过去了，李白感觉自己稍有些苍老憔悴，比当年少了一点锐气，多了一点骨气。

✳ 京城行侠 ✳

李白骑着马，风尘仆仆地走了好几天，终于在一个夕阳西下的傍晚来到了长安城。长安城是唐朝的都城，是一个非常雄伟壮观和繁华的城市。

李白带着他的宝剑，骑着马，在夕阳中从通化门进了城。城内大街小巷，车水马龙，熙熙攘攘。他从京城南面的朱雀门大街直向西走，来到了繁华的商业区西市。这里各类珍货汇集，商号酒楼人来人往。李白看了一会儿，信步来到城北的安定坊，在紧靠北门的一家客店里住了下来。

第二天中午吃过饭后，李白出了客店，在京城里闲逛。出了北门，看到西面放眼望去都是金碧辉煌的大房子，在正午阳光的照耀下，就像美丽的晚霞一样壮观。李白很好奇，就向路边一家小酒店的店小二打听。

原来，这些漂亮的房子居然是皇宫里善于斗鸡的小太监和其他一些官员的。近几年来，皇上非常喜欢斗鸡，在皇宫里建立了斗鸡坊，选了当时童子军五百人为他饲养和训练公鸡，又专门培养小太监学习斗鸡术。其中善于斗鸡的小太监

和童子兵格外受到皇上的喜欢，经常得到皇上赏赐的大量黄金。这些漂亮的大房子，就是这些斗鸡的人用皇上赏赐的黄金兴建起来的。其中还有一个姓贾的小孩儿因为斗鸡的水平高，才13岁就当上了五百个士兵的首领。皇上非常宠爱他，他家的房子也最气派。

店小二叹着气对李白说："唉！这年头，老百姓过得不容易呀！很多老百姓为了能过得好一点，都让孩子去学习斗鸡了。你没听过从东方传来的童谣吗？"

李白奇怪地问："什么童谣呢？"

店小二说："神鸡童谣。"然后，他就一字一板地唱了起来：

> 生儿不用识文字，
>
> 斗鸡走马胜读书。
>
> 贾家小儿年十三，
>
> 富贵荣华代不如。

这首童谣的意思是：不用教你的子女学习文化，学习斗鸡比读书强得多。贾家有一个小孩儿斗鸡斗得好，皇上很喜欢他，他享受的荣华富贵谁也比不上。

李白听了这些话，不禁陷入了沉思。当今皇上本是明君，为什么现在不理国家大事而热衷于斗鸡呢？自己如果当上朝廷的官员，真的应该想想怎么劝劝皇上。

突然，从那些

漂亮的房子里冲出来十几辆高大的马车，夹杂着一车"咯咯咯"的鸡叫声，轰隆隆地向这边驶来。车子经过的地方，搅起漫天烟尘。转眼间，那些马车靠得近了，都看得清车上用银丝编成的精致鸡笼，以及鸡笼里的金色的大公鸡。每一只鸡都挺着鲜红的鸡冠，摆出一副好斗的架势。路上的行人看到这些车来了，都飞快地躲到远处去。

李白看到这种情景，怒火中烧。就在这时，他看到路边的一个女子因为抱着孩子，躲得慢了些，眼看就要被飞奔的大马车撞到，他飞快地跑了过去，抱起那个孩子，拉着那个女子往路边躲。

总算躲过去了，李白刚要把孩子还给那个女子的时候，忽然感到一阵风声，接着"啪"的一声，就是一个女子的惨叫声，那个女子应声倒在地上。孩子吓得"哇"的一声大哭起来。马车上一个穿着华丽的青年怒气冲冲地说："看到大爷的车来了，躲得那么慢，真是没有规矩，老子今天一定要好好教训教训你，让你长点记性！"说着，他抢起鞭子就要打。

光天化日之下，如此欺侮老百姓，真是太不像话了。李白实在按捺不住心中的怒火，大声喝道："住手！"就要去把那个女子扶起来。那个青年大声喊："兄弟们，一起上，揍死他！"他手中的鞭子改变了方向，向李白打去。李白身子一闪，躲了过去。他想拿出他的宝剑教训教训这些不知天高地厚的家伙，糟糕，宝剑落到客店里了！那些斗鸡徒们一哄而上，拿刀的拿刀，拿鞭子的拿鞭子，向李白冲了过来。

好在李白的武功高强，他施展平生本领，和斗鸡徒赤手空拳地打了起来。他身手敏捷，进退自如，一会儿声东击西，一会儿正面突破。拳脚所到之处，斗鸡徒们纷纷倒地。但是，毕竟寡不敌众，李白渐渐感到力量不足，只有招架之功，已无还手之力，最后跌到在地上。

"打死他！"斗鸡徒们声嘶力竭地吼着。

那倒在地上的女子哭着大叫"恩公！""来人啊，救命啊！"

正在这危急时刻，斗鸡徒们突然大叫"不好"，接着一个个抱头鼠窜。有几个跑得稍微慢些的，已经倒在地上，鲜血直淌。李白抬头一看，一个穿着白衣的英俊青年，勇猛地打进了重围，用铁一般的臂膀挥舞着长剑，横扫狼狈逃跑的斗鸡徒……

不一会儿，斗鸡徒都逃跑了，周围又恢复了平静。

李白站起身来，整理了一下衣服，走上前去，向解围的英俊青年道了谢。他们扶起那个受伤的女子，经过询问得知，这个女子的丈夫被派到前线去了，她正抱着她生病的儿子去找大夫。

李白二人把受伤的女子和她生病的儿子护送到大夫家里，那个女子千恩万谢，说："恩公们，如果没有你们两位，也许我就不在人世了。我一个贫穷的弱女子没有什么能报答你们的，但是，我想知道你们两个人的名字，祈求菩萨保佑你们。"

他们异口同声地说："大丈夫就应该行侠仗义，请夫人不要记在心上。我们在此告别吧。"那个女子不便继续追问，只能含着眼泪目送他们离去。

后来，这两个路见不平、拔刀相助的侠士成了好朋友。那个带剑的英俊青年叫陆调冲，此后有一段时间，他们二人还在一起游历。

寻找玉真公主

在京城为老百姓做了这一件好事之后，李白欣慰之余，更是为国家命运担忧不已。如果让这些人继续为非作歹，长此下去，国家会慢慢衰落，老百姓的生活就越来越艰难了。李白下决心努力做一个好官，让国家兴旺，让人民幸福。就这样，他安顿下来之后，就开始找人推荐自己了。

李白首先找到岳丈的好友崔宗之。李白递上岳父写给他的信，又诚恳地说明了来意，说："我一心一意想报效国家，希望崔老能够助我一臂之力。"

崔宗之不好意思推辞，就答应他考虑考虑再说。李白觉得希望还是很渺茫，于是，他又找到岳丈的另一好友许辅乾。

许辅乾看过信后，说："我虽然在皇帝身边，但官微言轻，直接向皇上推荐不合适。"李白失望地说："那给您添麻烦了，如果您不方便推荐，我就告辞了。"看着李白失望的样子，许辅乾于心不忍，叫住了李白："等一下，我的一个好朋友玉真公主，正在终南山上修道，我可以帮你引荐引荐。"

李白很奇怪，问："找一个修道公主有什么用处？"

许辅乾说："玉真公主是当今皇上同母所生的最小的妹妹，皇上非常宠爱她，她的话在皇上那里还是有分量的。只要玉真公主出面，你的当官治国梦，我想就不远了。"

李白喜出望外地说："如果这样的话，就拜托您了。"

一个清晨，许辅乾约上崔宗之一起，带着李白，去拜会玉真公主。不巧玉真公主去山里采药了，他们随即上山寻找。

山中寺庙的钟声响彻云霄，杂草把山谷通体覆盖，到处是香气扑鼻的野花。山间小路忽隐忽现。忽然，李白看到一个白衣女子正站在悬崖边采一株娇艳欲滴的蓝色小花。悬崖很高，上面有清雾，那位白衣女子看起来像云彩中的仙女。崔宗之向李白介绍说："这就是隐居在终南山上修道的玉真公主。"

那个白衣女子轻轻一笑，摘了花，轻盈地来到他们前面。

许辅乾介绍说："这位是写诗非常出名的李白。"

李白赶紧拜见了玉真公主。

玉真公主温和地笑了，对李白说："我读过你的很多诗，写得真是不错，见到你很高兴。"

李白看到了温文尔雅、超凡脱俗的玉真公主，又得到了她的称赞，非常高兴。此情此景，李白为玉真公主作了一首《玉真仙人词》：

玉真之仙人，时往太华峰。

清晨鸣天鼓，飙欻（xū）腾双龙。

弄电不辍手，行云本无踪。

几时入少室，王母应相逢。

这首诗的意思是：玉真道人在太华峰上修道，此时，狂风怒起，犹如龙在云海里翻腾。玉真公主法术高明，把玩闪电玉手不停，腾云驾雾来去无踪。过不了多久，玉真仙人一定会得道成仙，修成正果，去少室山的时候，连王母娘娘也会亲自恭迎她。

玉真公主很赏识李白的才华。她想：如果国家有李白这样的人才治理的话，那么哥哥唐玄宗就不会总为国家的安危担心了。于是说道："李公子才华横溢，实在是难得的人才。朝廷正是用人之际，不知道李公子是否愿意为朝廷效力呢？"

李白说："在下正是为此事而来，希望得到公主的引见，为国家尽我的责任。"

应该说，这是一场很好的相逢。玉真公主邀请他们一起回她的住处做客。并商量向皇上推荐李白的事情。

太阳慢慢地爬到了山顶，阳光温暖地洒下来。李白的心情变得非常好，他觉得自己多年的理想就要实现了。

✿ 张垍（jì）进谗 ✿

玉真公主和李白一行四人回到了公主的住处，他们谈了求仙访道的事，兴致很好。公主当下便挽留李白在此多住些日子，并告诉李白，她一定会尽快向皇上推荐他，李白非

常高兴。

吃过晚饭以后，他们四人正在愉快地聊天，忽然有人来报告："张驸马请求赐见。"

"叫他进来。"玉真公主吩咐道。

话音刚落，一个二十几岁的公子就跨进门来。李白来不及回避，只好退立在一边。

这个驸马高高的个子，红红的脸庞，没等公主开口，就跪拜在地，亲热地喊了一声："姑姑！"

"快起来，坐下歇会儿吧。"公主怜爱地说。

驸马并没有马上坐下，而是很客气地和崔宗之、许辅乾二人打了声招呼，然后轻蔑地望着李白，以为他是一个乡下来的农夫。

公主见状，就为他们互相介绍："这位是当朝驸马、宰相张说的二儿子张垍，官居三品，在宫廷写诗歌，皇上非常喜欢他的诗呢！"

张垍边轻蔑地看着李白，边客套地说："姑姑面前不敢当，什么三品四品的。"

玉真公主介绍李白说："这位是才华横溢的李白。"

　　李白虽然很不满张垍的态度，但还是谦逊地施了礼，说道："哪里，哪里，在下徒有虚名而已，驸马乃当今才子，李白怎么敢在此说什么才华横溢，卖弄才华呢？"

　　张垍见李白很谦虚，也有所收敛，轻视的目光也变得比较友好。

　　玉真公主微笑着说："你们二人都能写诗，才华横溢，应该互相切磋，成为好朋友才是。"

　　张垍赶紧说："姑姑说得对。"

　　天色已晚，崔宗之二人向玉真公主告别后回家去了，而李白和张垍则留了下来。玉真公主有意促成李白、张垍二人成为好友，便对他们说："今天你们俩都在我这儿住下吧，一起聊聊天。我先去休息了。"

　　偌大的房间里就剩下李白和张垍两个人了。李白非常客气地对张垍说："听说驸马的诗作非常精彩，能让小弟拜读几首吗？"

　　张垍客套地说："哪里哪里，谈不上精彩，实在不好意思读给您听啊！"

　　李白再三请求，张垍才随口吟了几首。无非是春花秋月，舞榭歌台，充满了华丽的辞藻而毫无意义。李白本来想说几句恭维的话，但是实在找不到合适的词语形容，一时沉默不语。

　　张垍似乎看出了李白的心思，哈哈大笑起来，自嘲道："都是一些华丽的宫廷诗，让您见笑了。"

　　李白愣了一下，连忙诚恳地说："驸马才华出众，诗写得还是很好的，如果再吸取一点民歌的精华，增加一些真实

的内容和感受，一定会更好。"

张垍听了之后，心里不免惊异，心想：李白果然是一个很有才华的人，一下子就能看出我的诗作的弱点。张垍心生嫉妒，但表面上依然客气地说："李兄的话一针见血，小弟也很想拜读李兄的大作。"

李白也不推辞，就把前几天在京城作的诗吟诵了一遍。李白谈吐高雅，诗风超逸，让张垍自惭形秽起来。他想：李白这家伙如果进了皇宫，哪里还能显出我的才华来。他越想越嫉妒，忽然心里有了一个主意。

他假装亲昵地拍了拍李白的肩膀说："李兄才华横溢，实在令人佩服得五体投地，我一定要在皇上面前推荐你，因为你是我们大唐王朝不可多得的人才啊！"

······

第二天一大早，张垍就向玉真公主告辞下山。但是他并没有回家，而是直奔大明宫（皇上唐玄宗住的地方）。他并不是去向皇上推荐李白，而是去说李白的坏话的。他说李白没有多大学问，只不过是个狂妄之徒，如果进了皇宫只能惹事，无论如何也不能让他在朝廷当官。后来，当玉真公主去推荐李白的时候，皇上已经相信了驸马的话，怎么也不同意让李白到朝廷做官。

李白住在玉真公主的住所已经很多天了，他的心情非常烦闷，只能酌酒聊以自慰。他反复地想，为什么两个人向皇上推荐我，可到现在为止，还是一点消息也没有呢？正在他百思不得其解的时候，崔宗之来看他了，并告诉他，"张垍抢在公主的前面，说了你很多坏话呢。"

李 白
LI BAI

"原来如此……"李白恍然大悟。

于是，他提起笔来，写了《玉真公主别馆苦雨赠卫尉张卿》共两首诗，暗示对张垍的不满。

在第二首诗的结尾处李白写道：

何时黄金盘，一斛荐槟榔。

功成拂衣去，摇曳沧洲傍。

这句诗其实是讲了一个故事：南朝的时候有一个人叫刘穆之，他的家里很穷，他妻子的娘家却很有钱。有一次他去岳母家吃饭，吃饱之后，又吃了几颗槟榔，娘家的兄弟讽刺他说，槟榔是帮助消化的，你这样一个天天都吃不饱的人是不需要吃槟榔的。后来他做了大官，请娘家兄弟来吃饭，吃完后用黄金盘盛着一大堆槟榔送给娘家兄弟。

李白借用这个故事，说明自己当时被张垍看不起的境遇和心情。他感到孤苦和无奈，但是他坚信自己总有一天会出人头地。

写完这两首诗后，他便托崔宗之把它交给张垍。李白不便把张垍进谗的情况告诉玉真公主。在这个阴雨绵绵的早晨，他辞别玉真公主，离开了终南山，到太白峰游览去了。

《蜀道难》的问世

李白像一只失意的大鹏鸟，带着些许伤感和惆怅，到太白峰顶去一览众山，放松心情。

太白峰南连着武功山，巍峨险峻。走入山中，李白不禁

被山中的奇景惊呆了。映入眼帘的是山峦起伏、连峰接天的画面；向远看去，绝壁上枯松倒挂，飞湍、瀑流、转石，伴着万壑雷鸣的音响，飞快地从眼前闪过，惊险万状，目不暇接，让人惊心动魄。

李白正在观赏时，忽然听到山谷里传来响亮的回音："太白！太白！"他大吃一惊：难道这里有神仙认识我不成？空灵的回声又响了起来："太白！太白！太白！"李白仔细地听着，心着：这声音好熟悉呀，好像是我认识的人呢。李白快速地向着声音发出的地方跑去。

那个蓝色的身影越来越近，"王炎老弟！"

不错，这正是李白当年在广陵游历时，出资相助的落魄书生王炎。

那个人停止了呐喊，仔细一看，大叫道："太白兄！"

这是多么难得的相遇啊！广陵一别，这两个患难相交的朋友，被生活的激流冲得天各一方。谁知居然在人迹罕至的高山上相逢了。

李白问："你刚才在叫我么？"

"哈哈，我倒是想起了你，因为这是太白峰呀！看，天空中最亮的太白星也亮着，所以我情不自禁地就喊了起来，哪知道把真的太白兄叫了过来。"王炎兴奋地说。

"哈哈哈……"他们相视大笑。

他们一边向山顶爬去，一边畅谈分别多年以来各自的遭遇。

李白听完王炎的讲述，久久没有说话。

"太白兄，不要替我难过了，比起你的经历，我的这点

挫折又算得了什么呢。"

"不，我们虽然经历不同，但遇到的是同样的困难，我们都胸怀壮志，却无法实现。就像我们今天共同攀爬艰难的山路一样。行路难啊！"

王炎安慰李白说："太白兄，你才华盖世，像你这样的人，总有一天会得到天子的赏识的。"

李白苦笑了一下，问王炎说："老弟，你下一步打算怎么办呢？"

王炎说："我打算沿着你的足印，在这里游历一番。"

李白说："老弟，你何苦如此呀！这路很难走呀！"

王炎说："我不怕，道路艰难，才能让我得到磨炼。"

李白看着山中的美景，和老友叙旧，说起世事的艰难，国家的兴亡，不禁吟起诗来：

噫吁嚱（yī xū xī）！危乎高哉！蜀道之难，难于上青天！

蚕丛及鱼凫（fú），开国何茫然！

尔来四万八千岁，不与秦塞（sài）通人烟。

西当太白有鸟道，可以横绝峨眉巅。

地崩山摧壮士死，然后天梯石栈（zhàn）相钩连。

上有六龙回日之高标，下有冲波逆折之回川。

黄鹤之飞尚不得过，猿猱（náo）欲度愁攀援。

青泥何盘盘，百步九折萦（yíng）岩峦。

扪（mén）参（shēn）历井仰胁（xié）息，以手抚膺（yīng）坐长叹。

问君西游何时还？畏途巉（chán）岩不可攀。

但见悲鸟号（háo）古木，雄飞雌从绕林间。

又闻子规啼夜月，愁空山。

蜀道之难，难于上青天，使人听此凋朱颜！

连峰去天不盈尺，枯松倒挂倚绝壁。

飞湍瀑流争喧豗（huī），砯（pīng）崖转（zhuǎn）石万壑（hè）雷。

其险也如此，嗟（jiē）尔远道之人胡为（wèi）乎来哉！

剑阁峥嵘而崔嵬（wéi），一夫当关，万夫莫开。

所守或匪（fēi）亲，化为狼与豺。

朝避猛虎，夕避长蛇，

磨牙吮（shǔn）血，杀人如麻。

锦城虽云乐，不如早还家。

蜀道之难，难于上青天，侧身西望长咨（zī）嗟（jiē）。

这首诗的意思是说：唉呀呀，多么高峻伟岸！蜀道难行赛过攀上遥遥青天！蚕丛、鱼凫这两位古蜀国的帝王，他们建国的年代已多么邈远，距今约有四万八千年，秦蜀被秦岭所阻从不沟通往返。

长安西面被太白山阻挡，峰峦起伏只剩一条飞鸟的路线蜿蜒曲折，一直爬上巍峨的峨眉山巅。山崩地裂，埋葬了五位英雄壮士，后来高险的山路和栈道才相互勾连。上面有即使是拉车的六龙也要绕弯的最高峰，下面有冲激高溅的波浪逆折的漩涡。

高飞的黄鹤尚且飞不过去，猿猴想过去，也会发愁没有地方可以攀援。青泥山迂回曲折，很短的路程内要转很多弯，盘绕着山峰。屏住呼吸伸手可以摸到星星，用手摸着胸口空叹息。

西行的游子啊，请问你何时回还？险山恶水，可怕的蜀

道实在难以登攀！

只看到古树丛中传出鸟儿阵阵悲号，雄雌相随飞翔在荒凉的山林之间。月夜听到的是杜鹃悲惨的啼声，令人愁思绵绵呵这荒荡的空山！

蜀道艰难啊，难于攀上遥遥青天，听后也会使人生愁，吓得脸色突变。

山峰座座相连离天还不到一尺；枯松老枝倒挂倚贴在绝壁之间。漩涡飞转瀑布飞泻争相喧闹，水石相击转动像万壑鸣雷一般。

蜀道呀，竟是如此的艰难；唉呀呀，你这个远方而来的客人，为什么要来到这个地方？

剑阁那地方崇峻巍峨高入云端，只要一人把守，千军万马也难攻占。

驻守的官员若不是自己的亲信，就会变成叛乱者。早晚既要提心吊胆地躲避老虎，又要警惕防范长蛇的灾难。

豺狼虎豹磨牙吮血真叫人不安，毒蛇猛兽杀人如麻令你胆寒。锦官城虽然说是快乐的所在，如此险恶还不如早早地把家还。

蜀道太难走呵简直难于上青天；侧身西望令人不免感慨与长叹！

李白问王炎："你还想去么？"

王炎被李白所描绘的险景与美丽震慑住了，好一会儿，他才说："听了你的诗，我更想去了。"

第二天一大早，王炎和李白告别之后，王炎便带着李白送的《蜀道难》上路了。

✹ 金龟换酒 ✹

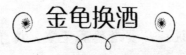

第二年春天，李白返回长安。他在客店里休息了一下，便带着最近几个月的诗稿，去看望岳丈的老朋友崔宗之了。

没想到刚出门口，就迎面遇上了崔宗之，他正在和一位精神矍铄（jué shuò）的老人走在一起。李白赶紧跑到崔宗之的面前，向他问好。

崔宗之也喜出望外，拉着李白的手说："你说来就来，说走就走，也不和我打声招呼，我正到处找你呢！"

李白抱歉道："那一次，我遭到小人暗算，心中很难过，就忘记跟您告辞了。今天赔个礼。"然后很诚恳地行了个礼。

"哈哈……"崔宗之爽朗地大笑起来，尔后对李白说，"我先向你介绍一下老夫的贵友吧。"说着把那个老人请到前面："这位就是名扬天下的贺知章贺老先生，在朝廷担任太子宾客，秘书监老大人。"

李白久闻贺知章的大名，并且非常喜欢他的诗，恭恭敬敬地行了个礼，说道："晚生李白，久仰贺老先生的大名，在此有礼了。"

贺知章老先生一直打量着李白，见他身材魁伟，玉树临风，两只大眼睛很明亮，声音也很洪亮，禁不住非常喜欢他。一听他是李白，就更加喜欢了。因为贺老先生也在很早以前就读过李白的诗，并且非常欣赏他的才华。

贺老先生高兴地说："李白，我听许国公说过你。

他说，在四川有一个李白才华横溢，可以和司马相如媲美呢！"

李白谦虚地说："贺老德高望重，博学多才，李白怎敢称才华横溢。"

贺知章说："你年轻有为，日后定会名扬四海。"

他们边走边聊，越聊越高兴。贺知章说："今天认识了才子李白真是高兴，我们去喝酒吧！"其余二人点头称好，于是三个人大踏步地向酒楼走去。

刚到酒楼门口，贺知章就大声喊道："拿出你们店最好的菜和最好的酒来！"

他们边聊天边喝酒，酒到酣处，便谈起诗来。

贺知章问："不知道李白小兄弟是否有新作，让愚兄欣赏一下如何？"

李白从怀里掏出几篇自己的诗文，递给贺知章。其中就有李白为好友王炎作的诗《蜀道难》。

贺知章立刻就被李白浪漫又精彩的描述惊呆了，他一口气读下来，大声赞叹："这种文章只有天上的神仙才能写出来呀！"然后看着李白，说："你应该就是神仙下凡吧。"

李白得到贺知章的赞赏，心里自然喜悦，但想到自己的雄心壮志还没有实现，至今一事无成，又忧愁了起来。

崔宗之看到此情此景，插话道："以李白的才华，如果做官的话，应该是我们国家的幸事，但是有小人从中作梗，导致李白这个人才一直没有被皇上认可呢。"

李白感慨道："我有雄心壮志，想竭诚尽力为国家、为百姓做一些事，但是这个愿望真是很难实现呀，比攀登蜀道

还要难呢。"

贺知章同情地看了看李白,说:"太白,不要忧虑,以后有机会我一定会向皇上推荐你的。"

喝完酒该结账时,贺知章一摸袖兜发现自己忘了带钱,他想了想,解下随身佩带的一只金龟,递给了店主人,说:"老夫今天请客,却忘记带钱,真不好意思。还好带了这个出来。就拿这个换这些酒喝吧。"

店主人一看,这是一只纯金的非常精致的小龟,看起来值好多钱,忙推辞说:"贺大人,这是无价之宝,小人不敢接受。您下次来的时候再结账也是一样的,我们都是熟人嘛。再说,能请您吃一次饭,也是我们的荣幸呀!"

贺知章哈哈大笑起来,说道:"今天我认识了一个好朋友李白,别看他年轻,但他可是下凡来做诗的仙人呀!我心里非常高兴,这个小龟就赏了你吧。"然后把金龟往店主人手里一放,拉着李白的手,和崔宗之三人一起离开了酒楼。

对于这次会面,李白后来在《对酒忆贺监》诗前小序中有所记叙:"太子宾客贺公,于长安紫极宫一见余,呼余为谪仙人。因解金龟,换酒为乐。怅然有怀,而作是诗。"

意思是说:太子宾客贺知章大人,在长安的紫极宫看到

我，叫我"谪仙人"，还解下了身上的金龟换成酒请我喝。我很是感动，于是做了这首诗。

也是从这时起，李白就获得了"诗仙"的美名。

✸ 大义营救郭子仪 ✸

在长安住了几日之后，李白与好友道别，又开始了他的漫游生涯。在开元二十三年（公元735年）五月，李白来到了太原（现在的山西省太原市）。在这里，他受到了好朋友元演一家的热情款待。

元演的父亲是太原的府尹，他也读过李白的诗，也听过李白的故事，对李白很是敬佩。他们一家对李白都很热情，把李白奉为上宾，给他住最好的房间。李白有空的时候，就和元演游览太原的美丽风景，每天都过得快乐而充实。

一天晚上，李白闲来无事，就拿起宝剑，到山坡上舞剑去了。李白的剑越舞越快，最后只能看到很多白光围着他转了。忽然传来一阵脚步声，越来越近，李白收起手中的剑，藏到树后，顺着发出声音的方向望去。

只见一位身材高大的军官慢慢地向树林里的一块空地走去。抽出自己的宝剑开始一招一式地练了起来。虽然他的剑术比起李白来差很多，但他一招一式都练得很用心，而且雄浑有力。看着看着，李白不禁叫起好来。

那个军官收招立住，回头看到书生模样的李白站在眼前，不禁奇怪地问道："您是？"

"我叫李白，是府尹家的客人，晚上无事出来散步，刚巧看到你在这里舞剑，不由自主地喝起彩来。"

那个军官也自我介绍起来："我叫郭子仪，是个小军官，为了国家的兴盛，我要努力地让自己更强大。因为白天公务很忙，只能晚上抽出时间练练基本功。"

李白看着这个心怀天下的军官，心里非常喜欢，便说："我年轻时也学过剑，我们一起舞剑，怎么样？"说完，李白边舞边传授郭子仪一些有关剑术的技巧。

每个凉爽的夜晚，他们二人就在这个地方切磋武艺，偶尔也讨论《孙子兵法》。郭子仪的见解很独到，李白非常欣赏他。在这个夏天，他们成了好朋友。

不知不觉过了两个月，太原的秋天来了。李白看到花叶飘零，感到孤独，想念远在湖北安陆的善解人意的爱妻和活泼可爱的一双儿女。

第二天晚上，李白想跟郭子仪告别，然后回安陆与妻儿相聚。然而，他在练功的地方左等右等也等不到郭子仪，就到郭子仪的帐篷里找，还是不见他的身影。他忙向一个熟悉的士兵打听，原来，由于一个士兵看管不严，仓库着了火。那个士兵本应处斩的，但是因为那个士兵家里还有需要照顾的老母亲，所以郭子仪把这件事隐瞒了下来——他却因此背上"玩忽职守"的罪名，按军令应该处决，已经在送押刑场的路上了。

李白大惊失色，赶紧离开了军营，奔到刑场。眼看郭子仪就要被处决，李白大喊一声："住手！"

主帅很奇怪地看着李白，说："此人犯了死罪，应该依

军法处置，就地执行。"

李白求情说："他为了国家，每天都努力练功，是一个有侠肝义胆的人，以后一定会成为国家的栋梁之材，这个人是不能杀的！"

"不过，军令如山，不能违抗呀！"主帅想了想，说："那念他是初犯，特赦免一次，让他在军营里戴罪立功吧。"

郭子仪于是当场被释放。李白跑上前去给他解开枷锁，心疼地说："你为了救一个士兵，却连累自己掉脑袋，不觉得委屈么？"

郭子仪平静地说："那是我的兄弟，我应该救。更何况我也是有责任的，我没有叮嘱好他。"

李白说："以后你不要出去练功了，还是好好地看管着仓库吧。"

郭子仪说："我以后会更加小心，但我也不能停止练功。朝廷依然这样下去的话，一定会出乱子的，我要准备好，为国家出力。太白兄，你的剑术比我强，如果再学点兵法，将来我们可以一起为国家效力。"

两天后，李白向郭子仪和元家告辞，翻过太行山，往安陆的家赶去。

✳ 痛失爱妻 ✳

又梦到善解人意、才思敏捷的妻子了，梦里她还听自己吟诗，满脸幸福地望着自己。一双儿女围在身边嬉戏。李白想起昨天的梦，嘴角露出一丝微笑。离家越来越近了，他的心跳也越来越厉害。也不知道他们过得好不好，这样一想，他又自责起来，这些年天天在外边跑，虽然有了一些虚名，但是对国家有用的事一件还没有做呢。离开家那么久，家里的事一点忙也没有帮上。

到家了，庭院显得冷冷清清。李白径自走进屋子，见女儿平阳和儿子伯禽正围在妻子床前，轻声哭泣。旁边只有一个一直跟着妻子的老仆女陪着，大家都很悲伤。

躺在床上的许氏夫人看见李白，眼睛里闪出一丝亮光，吃力地说道："伯禽、平阳，快快拜见父亲。"然而那么多年过去了，两个孩子都已经不认识李白了，看着父亲发呆。李白失声哭了起来："都是我不好，让你们受苦了……"

许氏夫人缓缓地笑了，说道："还能看到你，我真是很开心，本来以为我这一病，就再也看不到你了。"

李白哭着说："夫人，以前都是李白的不对，你放心，我找最好的大夫给你治病，你的病治好了，我们还要幸福地生活在一起。"

许氏夫人咳了一阵，说："我自己的病自己知道，即使神医华佗再世，恐怕也无能为力了。"

李白紧紧抓住妻子的手，说："不能，你不能死的。"

过了好一会儿，许氏夫人缓缓地睁开眼睛，深情地望着李白，说："我今生能嫁给你，已经非常幸福了。如果现在就死去的话，我也心满意足，只是牵挂两个孩儿，希望你照顾好平阳和伯禽。"

李白眼含热泪地说："夫人，这个你放心，我和你一样爱着我们的儿女，我会照顾好他们的。"夫人望着李白，努力地笑了一下，说道："如果是这样，我就放心了。"

没多久，夫人就去世了。

李白父子三人放声痛哭，他亲自带着子女，为夫人料理了后事。李白心中非常难过，每天晚上，都会梦到与夫人一块儿散步，就像她还在世一样。他不停地喝酒，酒后吟诗怀念去世的妻子。

时间是治疗心灵伤口的良药。随着时间的推移，李白慢慢地从失去爱妻的阴影中走了出来，他想起当年郭子仪的话，努力学习兵法，精练剑术，随时准备为朝廷效力。当得知号称"天下第一剑"的是山东的裴旻，就带着他的一双儿女到山东去拜师学艺了。

在山东，李白除了学习兵法和剑术之外，更多时候是与孔巢父等六位好友，隐于竹溪，时时在一起吟诗作赋，人称"竹溪六逸"。闲暇时，李白教儿子和女儿读书写字，日子过得倒也清闲。

一晃两年过去了，当夜深人静之时，李白依然时不时想起许氏夫人。想起了夫人对自己的期望，还有现在正处在危难的国家和腐败的朝廷。

他想，当今皇上日益昏庸，李林甫大权在握，朝廷一派

阴郁，就好像日暗云昏，鬼哭狼嚎！我欲提出谏言，但是有用吗？谁知道我的忠诚呢？看权臣炙手可热的世态，恐怕尧舜也要被篡位。

皇上没有大臣的拥戴，就如龙变鱼一样容易被欺负。权力被大臣篡夺，他们就像老鼠变成老虎。看看尧被幽囚，舜死于野外的历史就知道了。看看山山相似的九疑山，历史就这样循环往复。

双瞳的舜的孤坟在那呢？只见他的后和妃在清山绿水间不停地哭泣，眼泪飘洒在苍梧山上的湘竹上，留下斑斑血泪的痕迹。也许在苍梧山崩裂的时候，也许在湘江水干枯的时候，才可能灭除湘竹上的泪迹。

正在李白沉浸在忧愁中时，突然接到了皇帝的诏书。

第四章

再入长安

✳ 奉诏入殿 ✳

原来，皇帝下了一道诏书，要求各地推荐有文才或是懂军事的人，带他们到京城面见皇帝，皇帝要量才录用。玉真公主和贺知章等人趁着这个机会，极力地向皇帝推荐了李白的文才。唐玄宗于是在百忙之中抽空读了李白的诗，也被李白的才华震撼了，于是征召李白进京。

李白手捧着诏书，想起过世的父亲，想起对自己寄予厚望的师父赵蕤，想起一直默默支持着自己的去世的爱妻，百感交集，热泪盈眶，他觉得自己这只大鹏鸟终于要起飞了。

李白把平阳和伯禽安顿好，就骑着马向长安疾驰去。

过了几天，李白到了长安。当天他就去拜访了玉真公主、贺知章、崔宗之等几位友人。好朋友们都发自内心地替李白高兴，为他祝福。已经八十多岁的贺知章拍着李白的肩膀说："太白老弟，你这次回来，要大显身手了呀！"这时的李白意气风发，踌躇满志。

第二天一大早，唐玄宗在气势宏伟的长安宫接见了李白。长安宫的殿门金碧辉煌，朝门里一看，通向正门的通道上威严地站立着身材高大，身着气派的禁卫军；再一看，还有两列骨健体壮的骏马。

引他参见唐玄宗的小太监满面笑容，略略弯了弯腰，做了个"请"的手势。

李白精神一振，整了整衣冠，恭谨地走向正殿。唐玄宗

坐在步辇上，正出神地望着李白。李白飘逸的身影越来越近了，像一个从天而降的神仙，刹那间，他忘记了自己是一个皇帝，不知不觉站了起来，走下台阶，向李白迎了过去。

这是绝无仅有的一个举动，左右侍臣及殿堂下的禁卫军全都惊呆了。李白心头一热，忙快步上前，要行拜见天子的大礼。唐玄宗却微笑着用双手扶住了李白。这时候，音乐响了起来，唐玄宗拉着李白的手，慢慢走上台阶，让李白在他旁边镶嵌着七彩宝石的宝座上坐下。

过了一会儿，一个小太监捧着一只精美的玉托盘，盘中放着一个由名贵的玉碗装着的香甜的汤，碗的旁边放着一把银灿灿的小勺子。皇帝最喜欢的大太监高力士接过托盘，把它呈献给唐玄宗。唐玄宗端起玉碗，亲手用小勺子把汤搅了搅，然后微笑着递给了李白。

李白起身接过玉碗，道谢之后，激动地喝完了汤。唐玄宗温和地看着他把汤喝完。然后，心情很好地对李白说："你虽只是一个普通老百姓，但是我却已听说你的大名，看过你的文章，如果不是你的道德品行高，文章做得好，我

们今天怎么能在这里会面呢？"

唐玄宗非常喜欢李白，这次见面以后，就把李白封为翰林院的学士，还赏赐飞龙天马驹一匹，这是唐玄宗对李白的特别恩赐。

对于唐玄宗赐予的种种礼遇，李白感到非常满足与自得。他感受到了皇帝对他的欣赏和全朝官员对他的钦佩，觉得自己获得了人生的巨大荣耀，他

◎翰林院学士：官名。唐玄宗在宫廷里建立翰林院，后来又建学士院，挑选有文学才能的人充当翰林学士，负责起草任免将相等机密诏令，直属皇帝的领导。

开始自信满满地施展 "济苍生" "安社稷" 的伟大抱负了。

醉写《和番书》

李白虽然被封为翰林学士，但是由于一些嫉妒贤能的大臣从中作梗，皇帝一直没有重用他，李白因此又变得郁郁寡欢起来。闲来无事的时候他就到小酒店里借酒浇愁。

在一个冬天的早上，李白一大早就跑到一个酒店独自喝酒。就在这一天的早朝上，朝仪特别威严，唐玄宗面沉如水地端坐在御座上。今天，唐玄宗要接见突厥首领的使者。

那时候的突厥族屡屡侵犯唐朝边境。为了边境的稳定，唐玄宗不断地往那里调兵遣将，却被突厥的部队打得落花流水。

突厥的使者见到玄宗，说："奉我大王的命令，特地到这里来向大唐皇帝陛下请安！"

　　唐玄宗怒道："你们不遵守臣子的规矩，竟敢违抗朝廷，这次来有何贵干？"

　　"陛下，这是我们大王的亲笔信，请您过目。"使者捧出一封书信，恭敬地递交了上去。

　　玄宗皇帝令丞相李林甫读信。李林甫打开信一看，大吃一惊，这封信写得不是草书也不是行书，弯弯曲曲的像一些小蚯蚓，他一个字也不认识。只好对皇帝说："皇上恕罪，这封信是突厥文字，我不认得。"

　　唐玄宗宣旨："传翻译！"

　　一会儿，一个翻译突厥文字的官员被传了进来。高力士悄悄在皇帝耳边说："这是我们国家最优秀最有才华的翻译官了。"

　　那个翻译洋洋得意地接过了那封信，定睛一看，吓了一大跳，因为熟知突厥文字的他也一个字不认识。他呆站在那里直流冷汗，忽然跪在地上，惊慌地说："陛下，这信不是突厥常用的文字，臣实在不能辨认。"

　　唐玄宗非常生气，又命令文武百官传阅，满朝文武大臣一个传一个地看了后，面面相觑，竟然无一人认识番书的文字。

　　玄宗龙颜大怒，没有退朝，而是坐在龙椅上生气。

　　这时，高力士想起曾受到唐玄宗恩宠的李白，想起他骄傲的样子，他想：李白啊李白，你不是说你是大才子么？今天，我一定要整整你。让你在全朝官员面前出出丑。于是，他走上前去，大声地对唐玄宗说："皇上息怒。那个李白号称'谪仙人',想必他可以认识这封信上的字。"

唐玄宗大喜,说:"传李白进宫!"

几个宣召的小太监找了好久,才在一家小酒店里找到李白。他已经喝得大醉。那几个小太监费了好大的劲,才把李白扶到了朝上。

来到唐玄宗面前的李白已经醉得东倒西歪,见了皇帝也不下跪。高力士一看,大声喝道:"大胆李白,跪下!"

唐玄宗皱了皱眉,心里想:如此一个醉汉,在这么庄严的地方撒野,真是不成体统。如果他不认识这封信上的字,一定饶不了他。唐玄宗强压着怒火,对李白说:"李爱卿,你博学多才,可能读懂这封信么?"

李白虽然醉了,但头脑还是很清醒,听说是突厥族的书信,便非常有把握地回答:"突厥的各种古怪文字我都明白。"

唐玄宗听了龙颜大悦,连忙催促道:"力士,快把那封信拿来,让李爱卿读给我们听。"

李白接过高力士递过的信看了一遍。

唐玄宗着急地问:"李爱卿,快说说上面写的什么?"

李白说:"这封信的大意是,你们大唐国边防的士兵多次侵犯我们,占我国土,你们要快快归还我国,不然就起兵攻打大唐。"然后又从头到尾用准确又优美的汉语把信读了一遍。

唐玄宗听完后,板起了面孔。其他大臣则惊慌失措,面面相觑。

唐玄宗问:"大家谁有好办法?"

满朝文武大臣议论纷纷，但是谁都没有好主意。

唐玄宗看看李白，期待地问，"李爱卿，你呢？"

李白自信满满地说："臣现在就起草《答番书》，明天您就可以召见突厥的使者，臣一定可以解决这件事情。"

唐玄宗想起突厥使者的态度就很生气，又对李白说："突厥野心勃勃，我们大唐的国威怎么能让他们触犯？你马上起草，文字要写得严厉一些，狠狠地杀一杀突厥的威风。"

李林甫、高力士以及驸马张垍，都随声附和，说："陛下英明，就应该这样做。"

李白思考了一下，对唐玄宗说："不，陛下，臣以为不能写'吓番书'。"

李林甫大喝一声："大胆李白，怎么能违抗皇上的命令！"

唐玄宗也很生气，问道："难道我们怕了他们不成？"

李白的酒已经醒了，头脑变得非常清醒，他庄重地说："臣恳请陛下用宽大的精神对待边塞的少数民族，不到万不得已的时候，决不要轻易派兵，因为这样有两大好处：第一，可以使普天下的老百姓免受战争的苦难；第二，可以保障我国的老百姓安居乐业，不使田地荒芜。只有这样，才能使天下安定，万民团结。"

站在一边的高力士冷冷地笑道："那他们那封无礼的信，就这样算了么？"

"不错，无论如何也不能这样算了！"丞相李林甫、驸马张垍随声附和。

唐玄宗细细品味李白的说法，觉得李白说得很有道理，便说道："李爱卿，请你继续说下去。"那三个人心中很不满，但是又无可奈何，只好怒气冲冲地看着李白。

李白满怀深情地说："皇上，突厥的贫苦百姓和大多数部落首领都是非常崇敬您的，只有极少数不明大义的首领，才热衷于骚扰大唐。我从小在碎叶长大，结交过不少突厥的朋友，他们的心是赤诚的，他们对祖国是无限热爱的，他们对天子是非常崇敬的。"

朝上的大臣们全都被李白的这番话打动了，唐玄宗细想了一下，觉得突厥现在的军事力量很强大，用武力彻底解决这个问题也需等待时机。他默默地盘算着，现在确实不应该加剧紧张气氛，必须安抚一下突厥的首领。想到这里，他温和地询问李白："李爱卿，依你看这回信应该怎么写呢？"

李白激动地说："臣以为，应该写一篇《和番书》。"

"好！那就照李爱卿的意思，替朕写一篇《和番书》吧！"

那三个坏大臣李林甫、高力士、张垍一齐惊叫起来："皇上！请三思！"

唐玄宗微笑着摆了摆手，示意他们不要再说下去了。他向高力士招了招手，说："快传笔墨纸砚来！"

不一会儿，小太监们就准备好皇宫里最好的笔墨纸砚了。

李白正要拿起笔来写，忽然看到李林甫、高力士、张垍三个人正恶狠狠地瞪着他，他想：我一定要趁此机会，杀杀他们的威风。于是，他装得更醉了，从桌子上拿起一支笔来，身子向椅子上一靠，说："天好热呀，我穿着靴子不舒

服，满脚都是汗，高将军，快来帮我把靴子脱下来！"然后，高高跷起了双脚。高力士见李白发酒疯，十分生气，他正要发火，忽然听到唐玄宗下令说："高爱卿，快帮李爱卿把靴子脱下来。"皇上都已经下令了，高力士只好忍气吞声，蹲下身去，帮李白把靴子脱下来。

李白的脚丫子好臭呀，高力士捏着鼻子一边帮李白脱靴子，一边想：你等着，我一定要你好看！

过了一会儿，李白又装作醉眼蒙眬，指着桌子上的砚台和松墨，大声喊道："李相爷，快帮我把墨磨得浓一点！"

李林甫非常生气，又不敢发火，因为随即唐玄宗也下了令："爱卿，快帮李爱卿磨墨！"

李林甫边磨边想：哼，李白，你等着瞧！

忽然，李白身子又一晃，故意把一卷纸弄到了地上，然后喊道："张驸马，快帮我把纸捡起来！"

唐玄宗微笑着说："张爱卿，快把纸捡起来，再把纸铺好。"

张垍只得哭丧着脸照做，他一边做一边想：一定要找机会，教训教训你这个不知好歹（dǎi）的家伙。

这时，李白容光焕发，手提毛笔，饱蘸浓墨，略一思索，唰唰唰，就在纸上写了起来。不一会儿，《和番书》就写好了，并且是两份：一份是用大唐的汉字写的，一份是用突厥国的文字写的。完成之后，李白恭恭敬敬地呈给唐玄宗。

第二天早朝，唐玄宗下旨宣突厥使者进殿，然后庄严宣布："李白，李爱卿，宣读《和番书》！"

这时的李白，穿着紫色的像云霞一样的翰林衣服，站在

金銮殿的台阶上，飘逸得像神仙下凡一样。使者都不敢直视李白，战战兢兢地站在台阶下面。

李白并没有马上读他写的《和番书》，而是先对那个使者说："你们首领写给朝廷的信，言语非常傲慢，又故意用这么古怪的文字来写，简直就是藐视朝廷，本应派大唐的精兵强将去讨伐你们，但当今的皇上仁爱宽大，向来是以德服人。你回去以后，应该把皇上的心意转告你们的首领，做皇上的好臣子，共同为朝廷和普天下的老百姓造福！"

那个突厥使者被李白的一番话说得心悦诚服，连连说道："是！是！是！"

接着，李白分别用汉语和突厥语把《和番书》朗读了一遍。这封信的大概意思是说：大唐王朝非常强大，有很多精兵强将，很多国家都向大唐进贡，其中比突厥强大得多的国家有的是。我们是一家人，朝廷不想因为这一封信，就和你们发生战争，让那么多老百姓受苦受难。

突厥使者心想：唐朝居然有这样的神仙帮助，还是赶紧把《和番书》带回去让首领看后再说吧。

几个月过后，突厥的使者又来到了大唐，并带来了他们那里的特产。使者对皇帝说："这是我们首领进贡的物品，希望皇帝陛下能够喜欢。"

后来有人评价李白做的这件事时，说："干戈不动远人服，一纸贤于十万师。"这句诗的意思是：不用发动战争就让边远的少数民族服从大唐的领导，一封信比十万人的军队还要厉害呢！

沉香亭畔醉填《清平调》

公元744年（天宝三载，唐玄宗从天宝二年起把"年"改成了"载"）的春天，一天早上，唐玄宗带着杨贵妃、高力士、李林甫等人，坐在沉香亭里赏花。

唐玄宗看得兴起，吩咐摆酒设宴，并传旨让当时唱歌最好听的李龟年唱歌。李龟年带着他最优秀的徒弟来了，尽心尽力地唱了几首歌。歌声非常优美，歌词也很动人，但唐玄宗却觉得一点意思也没有，因为这些歌都听过好多遍了。

见此情景，善于察言观色的高力士殷勤地说："皇上，叫张驸马过来写几首新词吧。"

唐玄宗忽然想起了才华横溢的李白，说："张驸马的诗我都听够了，不如叫李白作几首新词吧。"他随手拿起一张纸，写了一道诏令，交给了李龟年。

"遵旨！"李龟年急急忙忙找李白去了。

这时候，李白正和"饮中八仙"在长安酒楼喝酒，谈论着新近发生的一件大事：贺知章不合唐玄宗的心意，已经被送出京城，回家"养老"了。如今更是奸臣当道，大家都在为国家担心。

李龟年满头大汗地跑进来，和他们打过招呼之后，微笑着对李白说："皇上和贵妃娘娘正在沉香亭里赏牡丹，有诏令你去写新歌词呢。"说着，李龟年把诏令交给了李白。

"为什么不找张驸马？"李白接过诏令，不解地问。

"皇上指名要你去呢。"李龟年一本正经地说。

"饮中八仙"一齐变得很严肃，说，"太白兄，皇上有请，你快去吧。"

李白哈哈大笑起来："我李白喝一斗酒能写一百首诗，几首歌词算什么呀！我还要再喝几杯，请你奏报皇上，就说我还不能去。哈哈，我是酒中的神仙，天子呼来不上船！"

> ◎饮中八仙：指唐朝嗜酒的八位学者名人，亦称酒中八仙或醉八仙。《新唐书·李白传》载，李白、贺知章、李适之、汝阳王李琎、崔宗之、苏晋、万巨、焦遂为"酒中八仙人"。杜甫有《饮中八仙歌》。

"醉了，醉了！"李龟年扶着李白，慢慢地下了酒楼，让随从人员帮李白整理好衣服，把他扶上马，一行人急匆匆地向沉香亭奔去。

沉香亭里，皇上和杨贵妃一行人等得很焦急，忽然看到李龟年扶着个醉李白来了。杨贵妃皱起了眉，说："这副模样，怎么能作诗呢？"

唐玄宗把李白打量了一番，觉得很有趣，就对杨贵妃解释说："他是天上被谪的神仙呢，一向不拘小节，喝醉了也许会作出更好的诗来呢！"

"皇上万岁！"李白说着，跟跟跄跄地准备下拜。

唐玄宗见他站都站不稳，连忙吩咐："免礼了，在那边铺着毛毯子的玉床上躺一会儿吧。"

李白过去半躺着，不一会儿就睡着了。唐玄宗叫人拿来了醒酒汤给李白喝，杨贵妃又叫人取来冷水喷在李白脸上让他清醒。好一阵，李白才从醉梦中醒了过来，但依然是醉眼

蒙眬。

唐玄宗说："今天朕与贵妃娘娘在这里赏花，请李爱卿看着这个风景写几首《清平调》吧。"

"臣领旨！"李白歪歪斜斜地站了起来，拿起早已准备好的笔和纸，不假思索地写了起来。不一会儿，就写好了《清平调》词三首，递给了唐玄宗和杨贵妃。

《清平调》第一首：

> 云想衣裳花想容，春风拂槛（jiàn）露华浓。
>
> 若非群玉山头见，会向瑶台月下逢。

这首词的意思是：看天上的彩云就想到贵妃的衣裳，望春风里的牡丹花梦就到贵妃美丽的容貌。春风吹拂着沉香亭的栏杆，花儿带着晶莹的露珠衬托着贵妃娘娘的娇颜，这样的美人如果不是在神话中最美丽的王母娘娘住的群玉山上看到，就是在她住的瑶台的月亮下面才能看得到啊！

杨贵妃听到李白的吟诵，非常开心，并且这首词写得如此的美，一下子改变了对李白的看法。她非常欣赏地冲李白点了点头。接着，他们又看第二首。

《清平调》第二首：

> 一枝红艳露凝香，云雨巫山枉断肠。
>
> 借问汉宫谁得似？可怜飞燕倚新妆。

这首词的意思是：贵妃像一枝红艳带露芳香扑鼻的牡丹花，想当年楚王为巫山神女而断肠，其实梦中的神女，哪里比得上眼前美丽的贵妃娘娘！试问在汉朝宫殿里谁能够和她相比，只可惜绝代佳人赵飞燕还要穿上她最美丽的衣服才比得上。

看完这首诗，杨贵妃甜美地笑了，唐玄宗则深情地望着他美丽的娘娘。他们相视一笑，继续看第三首：

《清平调》第三首：

名花倾国两相欢，常得君王带笑看。

解释春风无限恨，沉香亭北倚阑干。

这首词的意思是：皇上对名花牡丹和有"倾国"之美的杨贵妃都很喜爱，她们常让皇上欢悦惬意。哪怕心中有再多的烦恼，只要和贵妃一起来到这沉香亭畔的牡丹园中，也会被化解得无影无踪。人倚阑干，花在阑外，春风拂来，丝竹入耳，何其风流蕴藉，令人艳美呀！

"写得好！"唐玄宗赞叹不已，"李爱卿这样的才华，真是天下无双啊！"

杨贵妃似乎还没有从这华美的词中走出来，她对唐玄宗说："这《清平调》写得可真好呀！谢皇上！"唐玄宗哈哈大笑起来："不要谢朕，还是谢李爱卿吧。"

杨贵妃取过一只玉杯，亲自倒满了酒，赐给李白。李白一饮而尽。

一连好多天，他们闲来无事时，就到沉香亭观赏雍容华贵的牡丹花，唱李白写的《清平调》。

✸ 月下独酌 ✸

公元744年（天宝三载），李白还在长安做那个闲职翰林。他苦恼于虽然现在天天能看到当今皇上，但他的政治主

张却从来没有机会向皇上诉说，更没有机会处理国家大事，为老百姓做一些事情。每天只是为皇上和娘娘写几首诗，看着他们醉生梦死。一些权贵对他不满，已经很少有人主动和他亲近了，看到李白都躲得远远的。好朋友本来就那么几个，而且越来越少了。想到自己的好朋友贺知章不合唐玄宗的心意，已经被送出京城，放回镜湖边养老去了，他就更难过了。

这一天，李白没有到酒店去，而是在自家院子里，让仆人摆了些酒菜，自斟自饮起来。其实李白是一个喜欢热闹的人，他非常不愿意独自一个人喝闷酒，希望与一两个知己一边聊天一边喝酒，将他心中积郁已久的话倾诉出来。尤其是在美丽的月下，突然，想起远在碎叶的阿木尔，不知道他现在怎么样了。

父母去世了，记忆中的明月去世了，最疼爱他的老师赵蕤也去世了，一个一个他最亲爱的人都离他而去了。想到赵蕤老师，他的眼睛里充满泪水，那个相信他一定会当大鹏鸟的老师因为担心他而去世，而老师眼中的大鹏鸟到现在也没有等到时机。他又想起了他的好朋友吴指南，想起他们一起游玩的快乐日子。他还想起了去世的夫人，告老还乡的贺知章老人。

真正懂他的人都不在身边，他越想越觉得孤独。

他抬头看到天上的明月，孤独地挂在夜空，旁边一颗星星都没有。低头又看到月光下自己的身影，孤独地站着，一动也不动。此情此景，李白端起酒杯，随口吟了一首诗：

花间一壶酒，独酌无相亲。

举杯邀明月，对影成三人。

月既不解饮，影徒随我身。

暂伴月将影，行乐须及春。

我歌月徘徊，我舞影零乱。

醒时同交欢，醉后各分散。

永结无情游，相期邈云汉。

这首就是千古名诗——《月下独酌》。诗的意思是：我准备了一壶美酒，摆在花丛之间，但是没有亲人、朋友相伴，只有我孤孤单单一个人。只好自斟自饮。举杯向天，邀请明月，与我的影子相对，便成了三人。明月既不能理解开怀畅饮之乐，影子也只能默默地跟随在我的左右。我只得暂时伴着明月、清影，趁此美景良辰，及时欢娱。我吟诵诗篇，月亮伴随我徘徊，我手足舞蹈，影子便随我蹁跹。清醒时我与你们一同分享欢乐，沉醉时便再也找不到你们的踪影。让我们结成永恒的友谊，来日相聚在浩邈的云天吧。

吟完这首诗，李白就把它写了下来，觉得自己的心情好些了。他似乎又找到了知己，那就是清澈纯洁的明月。月光和美酒为这个孤高、桀（jié）骜而又单纯的伟大诗人李白，排遣着孤独和苦闷。

✳ 赐金放还 ✳

李白在翰林院里很孤独，便开始想念在外面漫游的日子，并写了许多诗表达想再出去漫游的心情。但他也一直在

等待皇上召唤，给自己一个能做大事的官职，为国家、为人民做一些大事情。他知道朝廷里嫉妒他才华的高力士等人总在皇上耳边说他的坏话，但他从来没有像其他人那样，为了获得一官半职就去讨好那些不知羞耻的宠臣。

有一天，杨贵妃的哥哥杨国忠在路上遇到李白，他因为李白对他态度不够客气而一直怀恨在心，便想趁此机会奚落李白。他拦住了李白，说："听说李公子才华横溢，我想向您请教一个对联。"

李白很爽快地说："国舅请讲。"

杨国忠说："这个对联是：'两猿截木山中，问猴儿如何对锯'？""锯"与"句"谐音，"猴儿"是在暗暗骂李白呢。

李白一听就明白了，他微微一笑说："大人这个对联好对得很呢，你过来我告诉你。"

杨国忠抬起脚正准备过去，李白便指着杨国忠的脚喊道："一马隐身泥里，看畜生怎样出蹄？""蹄"的谐音是"题"，"畜生"暗指杨国忠，与上联对得很正。

杨国忠本想占李白的便宜，结果被聪明的李白羞辱了，从此对李白恨意更深。

李白知道唐玄宗很想让他当一个治理国家的好官，但却想不明白皇上为什么总也不给他任务。聪明的李白不知道人心的险恶，因为他的骄傲和骨气，把那些皇帝亲近的人都得罪了。

这一天，贵妃娘娘在月亮下一边唱着李白写的《清平调》一边翩翩起舞。高力士看见了，他环视一周，看到四下

无人便走了过去，假装关心地说："我建议贵妃娘娘以后不要再唱《清平调》这首歌了。"

杨贵妃奇怪地问："高将军，为什么这么说呢？"

高力士停了一下，说："有些话，臣不敢说。"

杨贵妃说："娘娘恕你无罪，有话尽管讲来。"

高力士神秘兮兮地说："问题就在《清平调》第二首的第二句'借问汉宫谁得似，可怜飞燕倚新妆'上。那个飞燕姓赵，是西汉成帝之夫人。赵飞燕长得小巧纤细，体态轻盈，传说她能在人的手掌上唱歌跳舞。谁都知道我们大唐以胖为美，娘娘您就比较丰满，那李白从小受到西域文化的熏陶，以体态苗条轻盈为美，他分明是在讽刺娘娘您体态肥胖呀！"

杨贵妃说："高将军，你想得太多了，这只不过是各人的审美观有所不同。再说李翰林也不可能讽刺我呀，他在说苗条轻盈的美的时候，也没有说体态丰腴就是丑啊！而且你不觉得我跳起舞来也很轻盈么？皇上说，我跳的舞就像仙女下凡一样呢！"

高力士马上恭维道："娘娘是绝代美人。"

杨贵妃灿烂地笑了。

高力士看杨贵妃不上当，便拿出更厉害的手段。他说："娘娘，那'飞燕'还有另一层含义。那个赵飞燕曾经与人私通，给皇帝戴绿帽子，被当时的汉成帝发现，差点把她的皇后的称号给作废了。李白这明明是暗示贵妃娘娘下贱！贵妃娘娘因为长得漂亮，所以赢得了太子的芳心，后来又赢得当今皇上的青睐，这诗分明是骂娘娘的，

这李白真是可恶！"

"哎呀，他竟然这么恶毒！"贵妃听了这番话，不禁勃然大怒，一刹那，对李白的钦佩都变成了怨恨，她责备高力士说："你怎么现在才告诉我呢？"高力士假装委屈地说："皇上这么抬举李白，我怎么敢说实话呢？"

杨贵妃怒火冲天地说："看我以后怎么收拾李白。"

高力士一听，心里暗自高兴。

正在想这件事的杨贵妃遇到她的哥哥杨国忠，杨国忠又对妹妹说了不少李白的坏话，杨贵妃更生气了。

当天晚上，杨贵妃就跑到唐玄宗的面前说了李白许多坏话。唐玄宗虽然经常听到有人说李白的坏话，但他还是觉得李白是一个不可多得的才子，应该把他留在身边。他安慰杨贵妃说："李爱卿是一个好人，并且很有才华，不过是爱喝酒，不拘小节而已，你不要放在心上啊！"

杨贵妃很生气，说："他写的《清平调》第二首就是在骂我。那个赵飞燕行为不检点，李白分明是在骂我下贱！"

唐玄宗说："赵飞燕也很美呀，他只是夸你漂亮而已。"

杨贵妃接着说："皇上，他骂我下贱倒也罢了，问题是他也在骂你抢儿子的妻子呢！"

听了这句话，唐玄宗心里不舒服起来。想到关于李白的风言风语，以及他的太不拘小节，还有他最近写的漫游诗，不禁思考了起来。

杨贵妃委屈地哭了，说："皇上，你把那个轻狂的李白杀了吧。"唐玄宗边哄着杨贵妃，边想着如何处理李白，最终还是不忍心把这个才华横溢的人杀掉。

第二天早朝的时候，唐玄宗温和地对李白说："李爱卿，朕读了你最近的一些诗，知道你在京城住得不太愉快，想返回山林，到江海边去垂钓。人各有志，既然你的志向是这样的，朕也就不留你了。只是朕知道李爱卿不能一天没有酒，所以赐你黄金万两，作为你返回山林的酒资。再给你发块金牌，如果你没有酒喝了，或是遇到金钱上的困难，就去找当地的官员，拿出这块金牌给他们看，让他们给你准备钱

物和酒。"

李白一下子就明白了，唐玄宗终于不能留他了，更不能让他像大鹏鸟那样一展才华了。在这种情况下，他只得谢恩出朝。

前后算来，李白从天宝元年秋天进京，到天宝三载春天离开，在长安只度过一年零五个月。时间虽然不长，但李白清醒地看到了朝廷的政治情势和社会动向。

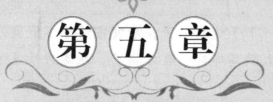

第五章

再次远游

字谜诗的故事

离开京城的李白，又开始了漫游天下。他骑着马，带着他的宝剑来到了华阴县。炎热的天气让他渴得七窍生烟，但是附近连讨口水喝的地方都没有。

又走了好久，他才看到一个孤零零的小房子，走近一看，门前挑着一面小旗，上面写着"佳醋"两个字。原来是家醋店。

> ◎在当时，有一种醋可以作饮料喝，很解暑。这个小店的醋，应该就是可以做饮料喝的醋。这家小店，相当于我们现在的饮料店。

李白把马拴在树上，走进小店，店内早已坐着一个人，穿着县官的衣服。李白没有理他，直奔柜台，对店家说：

一人一口加一丁，竹林有寺没有僧。

女人怀中抱一子，二十一日酉时生。

没想到店主人也是个才子，一听就知道这是一首诗谜，每一句诗里都是一个字：一个"人"字旁加上一个"口"字再加上一个"丁"字，就是"何"；"竹"和"寺"加在一起，就是个"等"字；一个"女"加上一个"子"，就是"好"字；"二十一日"加上"酉"，就是一个"醋"字。不一会儿，他就琢磨出了谜底是"何等好醋"，于是连忙笑着回答："这是上好的山西陈醋，北国佳品，客官尽可品尝！"

李白非常高兴，在这里居然能遇到知音，就边喝醋边和店主人聊天。一会儿，李白喝完了醋，把醋壶还给店家时说：

鹅山一鸟鸟不在，西下一女人人爱。

大口一张吞小口，法去三点水不来。

这还是一首字谜诗。"鹅"的"鸟"字旁去掉，就是"我"字；"西"的下面加一个"女"字就是"要"；一个大"口"和一个小"口"套在一起就是"回"字；"法"字去了三点水就是"去"字。店主人马上就解出谜底是"我要回去"，便与李白告别："客官，祝你一路平安！"李白笑着告辞："多谢！"

坐在一旁的那个县官没什么文化，但是平时非常喜欢附庸风雅，也想卖弄一番，但是李白二人说些什么，他一句也没听懂；并且他们二人明明知道自己就是县老爷，也不搭理，这尤其让他受不了。见李白转身要出门，他连忙站起来怒道："等一下，你是什么人，竟敢在我面前咬文嚼字！"

李白回过头来，说：

豆在山根下，月亮半空挂，

打柴不见木，王里是一家。

说完，扬长而去。店主人马上就明白了这首诗的意思，这还是一首字谜诗：上面一个"山"字头儿，下面一个"豆"字，就是繁体字"豈"；半空一个月亮，就是"有"字；"柴"字去掉了"木"，就是"此"字；"王"字和"里"字写在一起，就是"理"字。谜底是"岂有此理"。解出谜底，店主人为李白的幽默哈哈大笑起来，而那位县官眼

巴巴地望着李白越走越远,始终没能琢磨出什么来。

喝好了醋,李白骑着他的马,到华阴的山里看风景去了。回来的路上,他拿着装满了酒的酒葫芦,边喝边往回走,不一会儿就醉了,骑着马儿在大路上晃着。醉眼蒙眬中看到前面一阵烟尘滚滚,人喊马嘶,好几个差役在前头吆喝着,叫步行的让路,骑马的下马,大家都躲得远远的。李白想:好大的气派啊!但是依然坐在马上没有下来,也没有让路。

这正是那位县官老爷的车,看到有人不让路,县令大怒,吩咐差役把李白抓起来。仔细一看,竟是那个在醋店里给他难堪的过路人,更加气愤,就把李白带到了大堂上,准备好好教训一下这个醉汉。

"升堂!"

县令一拍惊堂木,大声喝道:"你是什么人,胆敢如此无礼?"

李白不慌不忙,掏出怀里的笔,写了一纸奇怪的供状,上面既没有写他的姓名,也没有写他的籍贯,只写着:"曾经皇上亲自为我调制羹汤,李林甫为我磨墨,高力士帮我脱靴;天子的门前我都能骑马,华阴县的大路上我却不能骑马。"

"啊!原来是诗仙到我们小城来了!"县令又惊讶又羞愧,忙把李白扶起来,作揖赔罪说:"不知李翰林到此,失敬,失敬!"然后就热情地邀请李白在华阴住下来。

李白爽朗地笑了,谢绝了县官的好意,又骑上他的马走向下一个游览地了。

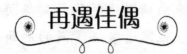

再遇佳偶

在公元744年（大唐天宝三年）的春天，李白来到了梁园。一天，李白在一个酒店里喝酒，忽然听到窗外传来如梦如幻的琴声，不禁心生感慨。他循声找去，却未找到。一时诗兴大发，似醉非醉之间，李白即兴赋诗，挥笔在墙上写下了那首千古名作《梁园吟》：

我浮黄河去京阙，挂席欲进波连山。

天长水阔厌远涉，访古始及平台间。

平台为客忧思多，对酒遂作梁园歌。

却忆蓬池阮公咏，因吟渌水扬洪波。

洪波浩荡迷旧国，路远西归安可得！

人生达命岂暇愁，且饮美酒登高楼。

平头奴子摇大扇，五月不热疑清秋。

玉盘杨梅为君设，吴盐如花皎白雪。

持盐把酒但饮之，莫学夷齐事高洁。

昔人豪贵信陵君，今人耕种信陵坟。

荒城虚照碧山月，古木尽入苍梧云。

梁王宫阙今安在？枚马先归不相待。

舞影歌声散渌池，空馀汴水东流海。

沉吟此事泪满衣，黄金买醉未能归。

连呼五白行六博，分曹赌酒酣驰晖。

歌且谣，意方远，东山高卧时起来，欲济苍生未应晚。

这首诗的意思是：我离开京城，沿着黄河走下去，滔滔

巨浪如群峰绵亘起伏，多么使人厌憎的艰难行程。万里长河直伸向缥缈无际的天边，多么遥远的前路。想起了和我命运相似的阮籍，我的救国理想破灭了，但是我们的国家还处在危险当中。既然皇帝不需要我，那我现在就登高楼，饮美酒，而不必像伯夷、叔齐那样苦苦拘执于"高洁"，最后把自己饿死。看一看吧，梁园这里有过豪贵一时的魏国公子无忌，现在他的墓都不见了；一代名王梁孝王，他的房子早就空了，成了遗迹放在那里，当年的名人上宾枚乘、司马相如也都不见踪影。荣华富贵禁不起时间的冲刷啊！但是我想，我总有一天会像高卧东山的谢安一样，被请出山实现济世宏愿。

写完这首诗，李白又摇摇晃晃地走了。

李白走后，一位云髻高耸、裙裾飘飘的年轻美丽的姑娘带着她的贴身丫环来到这里。她看到墙上的气势磅礴的诗，立刻被吸引住了，站在墙边，把这首诗读了一遍又一遍，如醉如痴。这时酒店的小伙计进来打扫卫生，那个小伙计看到洁白的墙上写满了字，非常生气，质问那个漂亮的姑娘："你看到是谁把这面墙弄脏的么？"那个姑娘吓了一跳，连忙说："没有，没有。"小伙计说："这个家伙真是可恶，弄脏我们的墙，害得我还要擦！"他边说边拿起一块抹布准备把墙擦干净。姑娘拦住了他，说："这字不能擦，这是一首写得非常美的诗，怎么能擦呢？"

"不擦老板会生气的，生气了就会罚我的。"

那个姑娘说："那你告诉你们老板，我要把这面墙买下来。"

小伙计说："我们的墙很贵，你买得起么？"

姑娘说："多贵我都要买。"然后叫丫环取出一千两银子，交给伙计，说，"你看这些钱够不？"伙计大吃一惊，忙告诉了酒店老板，老板听后高兴地同意了。

这位美丽的姑娘，姓宗，是一个才貌俱全的大家闺秀，她的祖父在武则天时代做过丞相。她为了保住李白写诗的这面墙，居然花了一千两银子，不久李白就听说了这件事，非常感动，于是拜访了这个美丽的宗姑娘。他们一见面就像老朋友一样，有着说不完的话，后来他们相爱了。李白托好朋友去做媒，没过多久，就娶了宗姑娘为妻。

结婚以后，两个人的感情非常深厚。当宗氏夫人得知李白在山东还有儿女，就让李白把他们都接到了梁园。因为李白爱喝酒，所以他们二人用皇帝给李白的钱盖了一座酒楼；因为他和夫人都信奉道教，于是夫唱妇随，在家里采药和修炼。

但是，李白并不总在家里，他依然忘不了他的漫游，还时不时地到处走走。

✳ 诗仙与诗圣的相会 ✳

公元744年（天宝三载）夏天，李白告别新婚的夫人和儿女们，又出去漫游了。

这一次他到了洛阳。当时的洛阳号称东都，是一个富庶而繁华的大城市。在这个地方，"诗仙"李白遇到了被后人

誉为"诗圣"的大诗人杜甫。

那时候，杜甫刚33岁，比李白小11岁。十年前，他曾经到洛阳参加科举考试，但是没有考中，就和李白一样，到各地漫游了。十年后的杜甫写下了描绘泰山的传世之作，已经是一位很有名气的诗人了。杜甫一见到李白，就被这位"天

◎杜甫（公元712年—公元770年），字子美，自号少陵野老，盛唐大诗人，号称"诗圣"。他是伟大的现实主义诗人，一生写诗一千四百多首。杜甫和李白齐名，世称"大李杜"。

上谪仙人"的风采吸引住了；而李白看到杜甫，觉得他谦虚朴实，很有才华。两人一见如故，结成了好朋友，结伴饮酒作诗、登山狩猎、访古寻幽，遍游蒙山山水、寺庙。

有一天，他们一起到附近的蒙山去登高。看着山中美景，李白赞叹道：

"云笼雾遮，水泻天河；猿啼仙洞，九天舞鹤。真乃避世尘超凡俗之仙地也。"

这句话的意思是：白云和清雾在这里缭绕，山中的水好像是从天下流下来的；小猴子们在神仙住的山洞里啼叫，九重天上的仙鹤在这里跳舞。这真是一个隐居的仙境呀！

杜甫听了李白形象而又优美的形容后说："与你结识真是三生有幸呀，那我也说一首诗吧。"诗如下：

几多嶙嶙悬屋，三两茅屋人家。

樵子斧飞橡落，老妪剪松煮茶。

这首诗的意思是：这里有几座快要倒塌的房子，还有两三间小草屋。樵夫一斧子砍下去，橡树枝就落了地，老妇人正在一边剪松枝一边煮开水。

他说完之后，笑着对李白说："太白兄在平凡的景色里能看到仙境，杜老弟却是在神仙住的地方话平凡，性格很难改变啊！"

李白豪爽地大笑起来，说："我比不上弟弟杜甫，实在是不够现实，这也是天性呀！"

他们兴致勃勃地从山上下来，就到一个酒店里喝酒去了。在这里，他们遇到了另外一位诗人高适。高适比李白大两岁，也是怀才不遇，正在这一带游历。三个诗人境遇相同，一见如故，谈得非常投机并相约一起游历。他们游山玩水，喝酒论诗，过着自由自在的生活。

这一年的秋天，杜甫突然接到祖母病危的消息，便匆匆忙忙地赶回家乡去了。三人就

此分别，他们约定来年春天到鲁郡相聚。

745年春天，李白、杜甫二人在鲁郡相聚，他们在鲁郡等了高适好久，不知道高适为什么没有来。于是没有再等，就一起游历去了。他们听说齐州有一个叫李邕（yōng）的人，非常有才华，就一起去拜访了他。李邕热情地接待了李白和杜甫，并设宴款待了他们。吃饭的时候，李白口若悬河，而杜甫呢，则非常拘谨。

◎李邕（公元678年—公元747年），即李北海，唐代书法家。李邕少年即成名，后召为左拾遗，曾任户部员外郎、括州刺史、北海太守等职，人称"李北海"。70岁时，为宰相李林甫所忌，被含冤杖杀。

"二位才华横溢，年轻有为，能不能对老夫谈谈你们的理想呢？"李邕问道。

杜甫诚恳地说："我时时都不忘记君主，不管我做什么，都勤勤恳恳、兢兢业业，尽我最大的努力为国家、为百姓做点事情。"

李邕赞许地点了点头，然后转身看着李白。

"我要以弯月为钩，长虹为线，不义的小人为饵，临沧海，钓巨龟，为天下的老百姓用尽自己的心血！"李白端着酒杯，神采飞扬地说。

李白的用词非常壮美，杜甫被李白的说法打动了，但李邕却一句话也不说，他觉得李白有些狂妄了。看到这里，李白又随口吟了一首诗，这就是有名的《上李邕》诗：

大鹏一日同风起，

扶摇直上九万里，

假令风歇时下来，

犹能簸却沧溟水。

时人见我恒殊调，

见余大言皆冷笑。

宣父犹能畏后生，

丈夫未可轻年少。

诗中，李白把自己比作大鹏鸟，说大鹏鸟一飞就是九万里，即使是不借助风的力量，用它的翅膀一扇，也能将沧溟之水一簸而干。可是一般的人见到我常常说我不着调，听到我的高谈阔论都对我冷笑。当年孔子都说过"后生可畏"，大丈夫不可轻视年轻人呀！

"好！"杜甫首先赞叹起来。李邕又打量了一番李白，眼睛里流露出赞许，说道：

"嗯，是有一点大鹏的气派。你受到陷害，被'赐金还山'，还能说出这样的话来，真是不同凡响！杜老弟，你应该多学学李白的豪气呀！"

杜甫恳切地说："谢谢李大人指点！李兄一下笔就惊动风雨，诗一写好就连鬼神看到都会感动得流泪，他的文章和品格是天下少有的，我一定努力向他学习。"

"哪里哪里！杜老弟谦虚谨慎，爱憎分明，诗歌很有光彩，我也应该向他学习的。"李白真诚地说。

在齐州，李白和杜甫度过了一个愉快的夏天。秋天快到了，杜甫又要参加三年一次的科举考试，李白一直把他送到鲁郡城东的石门（在今山东省曲阜县东北）。两人走进一家小酒店，默默地喝酒，为即将的离别依依不舍。

一阵阵秋风吹来，摇落了满树的红叶，杜甫触景伤情，对李白说："在这个悲凉的秋天分开，不知道什么时候再能见到李兄了。"

李白拍了拍杜甫的肩膀说："老弟常在诗中叹息秋天的悲凉，其实呢，我倒是觉得秋天秋高气爽，别有一番风味。往后，咱们都应该把'悲'字抛到脑后，做一个达观的人。还有，你辛苦学习、作诗，把身体都累瘦了，我们分开以后，你可一定要保重啊！"说完为杜甫作了一首诗《鲁郡东石门送杜二甫》：

> 醉别复几日，登临遍池台。
> 何时石门路，重有金樽开？
> 秋波落泗水，海色明徂徕。
> 飞蓬各自远，且尽手中杯！

这首诗的意思是：我们就要分别了，真舍不得啊！我们游遍了鲁郡的名胜古迹、池园亭台，什么时候才能回到这石门路上，重新举杯来诉说我们的胸怀？秋波荡漾不停地泻入泗水，徂徕山影在晨光中隐约可见。我们就像蓬草的花儿一样随风飘荡，来，先把手中的酒干了吧！

李白举起手中的酒一饮而尽，杜甫心中也充满了豪气，但想起李白虽才华横溢，却屡遭人妒，至今怀才不遇，不免又徒增几分感伤。他也作了一首诗送给李白，诗名就叫做《赠李白》：

> 秋来相顾尚飘蓬，未就丹砂愧葛洪。
> 痛饮狂歌空度日，飞扬跋扈为谁雄？

这首诗的意思是：秋天里，我们互相看着，都还是到处飘荡的小草，什么事情都没有做。现在我们痛痛快快地喝酒，大声唱歌，每一天都过得毫无意义，这么张扬地活着，到底是为了谁啊？

酒尽人散，杜甫西去的背影慢慢地从李白的视线里消失，李白难过得流下了眼泪，心中生出无限感慨："天下没有不散的筵席，杜甫呀，我的朋友，愿你金榜题名，实现自己的理想。"

李白和杜甫满以为今后还会重逢，没想到这竟是他们的最后一别。

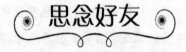

思念好友

送走杜甫以后，李白怅然若失。喝酒吧，无法酣醉；听歌吧，不能动情。于是提起笔来，给杜甫写了一首诗《沙丘城下寄杜甫》：

> 我来竟何事？高卧沙丘城。
> 城边有古树，日夕连秋声。
> 鲁酒不可醉，齐歌空复情。
> 思君若汶水，浩荡寄南征。

这首诗的意思是：究竟是什么原因，我来到这个地方，尝尽闲居生活的孤独乏味。自从你离开之后，日日夜夜陪伴我的只有那老树，以及萧瑟的秋风吹动树叶的声音。一个人独自喝酒，怎能尽情欢醉？一个人独自聆听齐歌，又如何能

安慰我寂寞的心情？我对你的思念之情，正如这一川浩荡的汶水，追随着你一同南去。

这天晚上，李白失眠了。他想念杜甫，想念一个个好朋友。不知道阿木尔还在不在碎叶，是做了一个勇猛善战的将军，还是一个武功高强的侠士呢？如果师父还在的话，看到现在的我，不知他是否会对我彻底失望；不知道高适现在好不好，孟浩然也好久没有写信给我了；还有王炎，不知道他现在在哪里了。他浮想联翩，不由又想到了贺知章老友。

在长安时，贺老是自己最好的朋友，自从他告老还乡以后，不知道他的身体是否还好。他也许每天还会在镜湖里划船，也许会到天姥山（现在的浙江省新昌县南）看日出。听说天姥山是神仙们住的地方，对，我明天就去拜访贺老，和他一起上天姥山去。

他想着想着，就睡着了。他睡得很香甜，还做了一个美好的梦。他梦见自己会飞了，他飞呀、飞呀，越飞越高，飞过月光映照下的镜湖。湖水很清澈，一点波浪也没有，看起来像妻子梳妆台上的镜子一样。他依稀看到诗人谢灵运在此游玩时住宿的地方。他脚穿谢公游山时穿的木屐，攀登直入云霄的天梯。他看见太阳从海上升起，听到天堂里的仙鸡鸣叫。无数山岩重重叠叠，道路曲折回旋……泉水发出的巨大响声，好像是大熊在怒吼，又好像是神龙在长啸，使幽静的树林战栗，使层层山岩震惊。忽然，乌云密布，啊！要下雨了，水波荡漾升起阵阵烟雾。闪电迅雷，使山峦崩裂。仙府的石门，轰隆一声打开了，洞中蔚蓝的天空广阔无际，日月

的光辉照耀着金银筑成的宫殿。云中的神仙穿着用彩虹做的衣裳，乘着清风，一个接一个地飘下来。仙人成群结队，凤凰驾着车。老虎弹奏着琵琶，那仙人们对李白说："来，诗仙，我们一起演奏你写的《清平调》……"这声势，这情景，惊心动魄！看着这光怪陆离、似真似幻的景色，他恍恍惚惚地往云上去。突然，他脚下一沉，坠入深渊。

"啊！"他惊醒了，原来是一场梦。邻居家早起的公鸡叫了一声，四周又恢复了一片宁静。他拿起笔，开始回忆那个美好的梦，写成一首诗：

海客谈瀛洲，烟涛微茫信难求。

越人语天姥，云霓明灭或可睹。

天姥连天向天横，势拔五岳掩赤城。

天台四万八千丈，对此欲倒东南倾。

我欲因之梦吴越，一夜飞度镜湖月。

湖月照我影，送我至剡溪。

谢公宿处今尚在，渌水荡漾清猿啼。

脚著谢公屐，身登青云梯。

半壁见海日，空中闻天鸡。

千岩万转路不定，迷花倚石忽已暝。

熊咆龙吟殷岩泉，栗深林兮惊层巅。

云青青兮欲雨，水澹澹兮生烟。

列缺霹雳，丘峦崩摧。

洞天石扇，訇然中开。

青冥浩荡不见底，日月照耀金银台。

霓为衣兮风为马，云之君兮纷纷而来下。

虎鼓瑟兮鸾回车，仙之人兮列如麻。

忽魂悸以魄动，恍惊起而长嗟。

惟觉时之枕席，失向来之烟霞。

世间行乐亦如此，古来万事东流水。

别君去兮何时还，且放白鹿青崖间，须行即骑访名山。

安能摧眉折腰事权贵，使我不得开心颜！

这首诗的诗名为《梦游天姥吟留别》。他把这首诗送给了山东当地的一个朋友范十，就去找贺知章老先生了。

李白兴冲冲地来到贺老隐居的镜湖边，没有看到贺老先生，却看到贺老的家人都穿着孝服。

贺老的家人告诉李白，贺老刚刚去世，他去世前还说，很想念李谪仙大人。

李白顿时泪如雨下，他在贺老家人的陪同下，亲自到贺老的墓前拜祭。李白准备了一壶好酒，恭恭敬敬地洒在墓地上，他悲伤地说："贺老，我这次来，是想和你一起游神仙住的天姥山的，我想和你一起在山上喝酒、作诗，谈古论今，没想到你竟然已经离开了人间。"

祭拜过贺老之后，李白再也没有心思去游天姥山了，他最后望了一眼镜湖，告别了贺老的家人，就离开了。

朋友又少了一个，现在该到哪里去呢？他想起很久以前，好友王炎曾经在信中说，他住在茅山（现在的江苏省句容市）。对，到茅山去看看王炎吧。说走就走，李白于是乘船北上，找王炎去了。

几天之后，李白来到了茅山。王老弟会在哪里呢？他正想向过路的人打听，忽然在茅山的山脚下发现了一块残缺的

墓碑。李白心头一紧，忙下马去寻访附近的人们。

在一个破旧的小草屋前，李白看到一个农夫正在劳作，忙跑过去问："兄弟，你可认识这个墓碑的主人？"

那个农夫叹了一口气，说："先生，你问我算是问对了，这附近也只有我认得他了。这位王公子，十年前从四川漂泊到这里来，贫病交加，就死在这破床上。"

"啊，真的是王炎兄弟。他有什么遗嘱么？"李白伤心地流下了泪水。

"没有，他只是让我把他埋在这松树底下，他说，他死了也要像青松那样，傲岸挺拔，不向权贵低头弯腰！王兄弟真是个有骨气的人啊！"

李白没有再问下去，他向农夫借了把铁锹，认真地给王炎墓旁边的松树培了土。然后向墓鞠了一躬，离开了。

李白离开茅山来到金陵，又听说了一个更为惊人的消息：他的好朋友李适之和李邕，都被奸相李林甫一伙害死了。

李白感到自己前所未有的孤独，也更加为国家的前途和百姓的安宁担忧。他一连几天失眠，一直在想一个问题："我是一个人成为神仙，还是为朝廷、为百姓献出我全部的才智和心血好呢？"

想到学识渊博的贺老被迫告老还乡最后抑郁而终，才华横溢的王炎因为刚正不阿而客死他乡，为国为民的李适之和李邕被奸人迫害致死……他的心久久不能平静。"我应该选择为国家、为百姓献出我全部的才智和心血，甚至付出生命也在所不惜。"做出了最后的选择之后，李白沉沉地睡去。

❋《将进酒》的问世❋

打定了主意的李白，一边漫游，一边寻找救国的机会。但是又过了好多年，他一直没有等到机会。随着时间的推移，他发现朝廷越来越腐败，老百姓的生活一天不如一天。每当想到这些，他的愁绪就增加一分。

大约在天宝十一年（公元752年），这一年离唐玄宗"赐金放还"已达八年之久。李白被好朋友元丹丘邀请至颍阳山的家里做客，同去的还有另一个好朋友岑勋。

他们在小亭子里一边赏月一边喝酒。在李白看来，和好朋友喝酒是人生最大的快乐，尤其这两位还是他多年不见的好朋友，所以有很多话要说。

他们谈起刚刚相识的时候，大家都还很年轻，抱负满怀，意气风发。转眼间，长了白头发，牙齿也开始松动，当年的许多理想都还没有实现，更多的理想则早已经放弃了。

元丹丘感慨道："唉！时光的流逝，就像江河的水流到大海里一样，一去不复返了。"岑勋也跟着叹了一口气说："人的一生既痛苦又短暂，你们看，现在我的头发都开始白了。"

李白端起一杯酒一饮而尽，一句话也没有说。

元丹丘看着李白，叹了口气，说："李白，你的才华，众人皆知，大家都叫你'诗仙'。像你这样的人应该在朝廷里做官，为国家做事情的，只可惜一直怀才不遇。"

李白凝重地说："现在的朝廷很腐败，百姓的生活很悲

苦，如果我有朝一日能为朝廷、为百姓做点事，我将万所不辞。年老以后，我就像你们一样，在这座山里隐居，过着闲适的生活。"说完又哈哈大笑起来："在这良辰美景之中，不谈这些伤心的事了。来，干杯！"说着又端起了酒杯。"干杯！"三人一饮而尽。

李白往空杯里又倒满了酒，说："来，让我们再喝一杯吧！"岑勋觉得李白有些醉了，便劝道："不要喝这么快啊，主人元兄弟的钱都不够给你买酒了。"

李白豪爽地笑了起来，说："能够解忧的唯有金樽美酒，让我给二位唱一首劝酒歌吧！我给它起了个名字，叫《将进酒》。"接着就唱了起来：

君不见黄河之水天上来，奔流到海不复回。

君不见高堂明镜悲白发，朝如青丝暮成雪。

人生得意须尽欢，莫使金樽空对月。

天生我材必有用，千金散尽还（huán）复来。

烹羊宰牛且为乐，会须一饮三百杯。

岑（cén）夫子，丹丘生，将进酒，杯莫停。

与君歌一曲，请君为我倾耳听。

钟鼓馔（zhuàn）玉何足贵，但愿长醉不复醒。古来圣贤皆寂寞，惟有饮者留其名。

陈王昔时宴平乐（lè），斗酒十千恣（zì）欢谑（xuè）。

主人何为言少钱，径（jìng）须沽（gū）取对君酌（zhuó）。

五花马，千金裘（qiú），呼儿将（jiāng）出换美酒，与尔同销万古愁。

这首诗的意思是：你可曾看到那滚滚的黄河之水，从天

上倾覆而下又汇流入海，万里咆哮再也没有回头！你可曾对着高堂上的明镜，为满头白发悲愁，早上还是满头青丝般的秀发，到了晚上却像雪花一般苍白。人生得意时就要尽情地欢乐啊，不要让金杯空淌一波月色。苍天造就我雄才伟略就必有用武之地，千金散尽亦有失而复得之日。烹羊宰牛我们要喝个痛快，喝他三百杯以放松情怀。岑夫子，丹丘生，继续喝啊，千万不要停下手中的酒杯。就让我为大家引吭高歌一曲吧，请大家为我倾耳细细听。钟鼓的美妙音乐与最好吃的美味佳肴都不足为贵，我只想沉醉在美酒中不再醒来。自古以来圣人贤士皆被世人冷落，惟有寄情于酒的酒鬼才能留下美名。陈王曹植曾在平乐观大摆酒宴，畅饮名贵好酒，尽情欢乐。主人啊，你为何要说自己的酒钱已经不多，只管取来饮个底朝天。去牵来那名贵的五花马，取出豪奢的千金裘，叫孩子们拿去统统换了美酒，我要与你们一起借这千杯美酒，消融那无穷无尽的万古长愁！

这首歌由悲伤转为喜悦，又转为狂放、激愤，最后几乎癫狂。李白唱得非常投入，他像一个悲壮的烈士，极愤慨又极豪放。

他的两个好朋友听完之后，非常震撼。李白还是不很尽兴，就又舞了一会儿剑。在月光的照耀下，那剑如同银蛇一般。似醉非醉的李白越舞越快，那把宝剑上下翻飞。忽然，"噹啷"一声，李白把剑扔在了地上，回到桌前又端起酒杯。"来，再干一杯！"岑勋连忙劝道："太白兄弟，你醉了。"李白低声说了一句："我没醉！"便慢慢地倒在椅子上睡着了。

深山寻仙

一天清晨，李白像往日一样，在歙县城（今安徽某地）街头的一家酒店买酒，忽听隔壁有人在说："老人家，你这么一大把年纪，怎么能挑这么多柴草，你家住哪儿？"

回答的是一阵底气十足的爽朗的大笑声。声音似乎传到了天上，又飘荡了下来。接着，便听见有人大声吟诗：

> 负薪朝出卖，沽酒日西归。
>
> 借问家何处？穿云入翠微！

这两句诗的意思是：清晨把柴背出来卖掉，买了酒晚上回家。你如果问我的家在哪，我告诉你，穿过洁白的云朵到郁郁葱葱的山林里来找我吧。

李白听了，不觉一惊。这是谁？竟随口吟出这样动人的诗句！他问酒店里的店小二，店小二告诉他，这是一位叫许宣平的老人。他看破红尘，隐居在附近的一座深山里，但是附近的山那么多，谁也不知道他到底住在哪座山里。最近，他经常到这一带来，每天天一亮，就能看见他挑着柴草进城，扁担上挂着酒葫芦。他卖掉柴草就打酒喝，喝醉了就吟诗，一路走一路吟，从他身边

◎许宣平：新安歙县人，唐睿宗景云年间，隐居在城阳山的南坞。他有时候担着柴到城里卖，柴担上常常挂着一只花葫芦和一根弯曲的竹杖，有时候他把人从疾病中救治出来。很多城里人都去拜访他，却总不能见到他。传说他已得道成仙。

经过的人，有的还以为他是疯子呢！

李白心想：他的诗写得那么好，又这样的桀（jié）骜（ào）不驯（xùn），这不是和自己一样的"诗狂"吗？他马上追了出去，看到那个老人上了街头的小桥。老人看起来步履蹒跚（pán sān），走得很慢，但李白却怎么也赶不上。

追上小桥，穿过竹林，绕过小河，李白累得气喘吁吁，腰酸腿痛，定神一看，老人早就消失得无影无踪了。李白大惊失色，"难道我今天真的遇上神仙了么？"

他又向前追了一段路，还是看不见那个老人，只好失望地往回走。

当天夜里，李白怎么也睡不着，他回味那老人随口吟出的动人诗句，更觉得老人非常有才华，下决心一定要找到他，和他成为好朋友，拜他为师。

第二天，李白一大早就来到柴草行的门口，从清晨一直等到日落西山，望眼欲穿，但是老人一直没有出现。李白在柴草行的门口一连等了五天，天天落空。

第六天一早，李白背起酒壶，带着干粮就进山了，他决心找到那位老人。

这里的山好多呀，每一座山都是那么巍峨雄伟。在这个春暖花开的季节里，百花绽放，小溪奔流，但是，李白已经没有心情观看四周的美景了。一个多月过去了，李白连一个人影都没有看到。他不禁纳闷：难道那位老人真的是神仙么？是的，就算那位老人真的是一位神仙，我也一定要找到他。想到这里，李白又继续朝前走。身上的干粮吃完了，他就采果子充饥；累了，就在高大的树下休息一会儿。

几天后的一个黄昏，李白转过一个山口，忽然看到前面立着一块巨石，上面似乎还刻着字。李白一下子忘记了疲劳，跑了过去，仔细辨认起来。哦，原来是一首诗：

> 隐居三十载，筑室南山巅。
>
> 静夜玩明月，闲朝饮碧泉。
>
> 樵夫歌垄上，谷鸟戏岩前。
>
> 乐矣不知老，都忘甲子年。

这首诗的意思是：隐居三十年了，在南山的山顶上安家。静静的夜里和明月对饮，清闲的早上独自喝清澈的泉水。听上山砍柴的人在山坡上唱歌，看吃谷子的小鸟在岩石上玩耍。快乐得不知道自己已经慢慢变老，都忘记自己已经60岁了。

连读三遍后，李白惊叹道："好极了！这真是神仙写的诗啊！"他想：一定得拜老人为师，好好向他请教请教。

他转过身，看见悬崖边的平地上摊着一堆稻谷。这准是许宣平老人晒的，老人肯定要来收谷，我就在这等着吧。想到这儿，李白的心情变得非常好，索性坐在了巨石的旁边，一边等老人，一边欣赏山中的美丽景致。

天快黑了，李白忽然听到山下传来一阵阵击水声。循着声音望过去，只见山下的小河对岸过来一只小船，一位白发飘飘的老人站在船头划桨。李白上前询问："请问，您可是许宣平老人？"

这个老人正是李白要找的许宣平。上次在城里，他见李白身上穿着皇上赐给的华美的衣服，以为又是找他去做官的人，就再也没有去歙县城，没想到这个人竟然跟来了。老人

瞟了李白一眼，随手指指船篙，漫不经心地答道："门口一丛竹，便是许翁家！"

李白抬眼望了望郁郁葱葱的山峦，又问："处处皆青竹，何处去找寻？"

老人重新打量了这位风尘仆仆、满脸汗水的客人，惊奇地问道："你是……"

"我是李白。"说着，李白深深地作了一个揖。

老人愣住了："你是李白？李白就是你？"原来，李白的才华和故事早已名闻天下，连这位老人也听说了。

李白连忙说明了自己的来意。

老人一听，双手一拱，说："哎呀，你是当今的'诗仙'，我不过是诗海里的一滴水。你这大海怎么来向一滴水求教，实在不敢当，不敢当！"说完，撑起船就要往回走。

李白一把拉住老翁的衣袖，苦苦哀求道："老人家，三个月了，我跑遍了附近所有的山，到处找您，好不容易见到了您，难道就这样打发我回

去不成！"

李白真挚的话深深地打动了老人的心，他把李白牵上了小船。

从此，不管是在漫天的朝霞里，还是在落日的余晖中，李白和这位老人都会坐在溪水边的大青石上欣赏山景，饮酒作诗。那朗朗的笑声和飞瀑的喧哗声汇成一片，随溪水一起送到百里千里之外……

传说后来，许宣平老人成了神仙。如果你到黄山去，顺着淙淙的溪水，还能找得到李白当年的游踪。

太白酒家的传说

在一年冬天，李白游历到了一个叫采石矶的地方。那里风景优美，李白打算多待几天，于是找一个小客店住了下来。

李白经常到城里唯一的一家酒店里买酒喝。这家店是一个姓鲁的财主的，这里的人们都叫他鲁老板。这鲁老板精明过人，账算得一清二楚，并且决不接待没有钱的客人。他对家里雇的小伙计，要求也非常严格，让他们干很多的活，却给很少的工钱。

这一天，李白又来到这家酒店喝酒。鲁老板从房间里走出来，笑呵呵地打量着李白，见李白穿的衣服很旧了，心想：他一开始要好酒喝，后来就要不太好的酒喝，估计他带来的钱快花光了吧。如果以后再来赊（shē）酒喝，那就

更不好了。打定主意，他走到李白的身边，弦外有音地说："我们这小酒店屋檐很矮，酿酒的池子很小，真是禁不住李先生这样的大酒壶天天喝啊！"

李白知道这是鲁老板怕他拿不出酒钱，他懒得争辩，直接从怀里取出一块大银子往柜台上一扔，"啪！"震得鲁老板两眼发花。看到这么一大块银子，鲁老板马上堆出一脸笑容，恭维地说："我真是有眼不识泰山，没想到李大人居然是腰缠万贯的人呢。"转身就吩咐小伙计："快，快给李大人准备好酒，快给李大人找钱。"

李白提起酒壶直接对着壶口就喝了起来，然后嘲笑地看着鲁老板，说："算了，别找了，下次再来！"鲁老板笑得两只眼睛眯成两条细线，一个劲儿地说："好好好，下次再来！"

第二天，第三天，第四天，李白每天都去喝酒，鲁老板很不耐烦起来，这李白丢下的银子都快花完了，但他看起来没有再给钱的意思。怎么办呢？鲁老板计上心头。他支开酒店的小伙计，往李白的酒里兑水，并亲自把酒给李白送过去。李白发觉酒的味道不太对，但也没往心里去。一天又一天，鲁老板往酒里兑的水越来越多，最后干脆给李白灌上了满满一壶凉水。李白带着这壶"酒"回到家里，才喝一口，就吐了出来。一看，原来是水。李白一下子就明白了是怎么回事，但是他懒得去跟鲁老板争辩。

夜深人静了，李白却怎么也睡不着。多年以来，酒已经成为他形影不离的好朋友。一壶酒下肚，便能忘记愁苦。现在满腹愁绪，想写一首诗一吐为快，但是没有了酒，提起笔

来也不知道写些什么好了。他叹了口气，静静地听着房檐下小雨的滴答声，心都要碎了。从此以后，他再也没有到那家酒店去喝酒了。

有一天，李白沿着江岸向南走，路过一个小草屋，屋外站着一位头发花白的老人，朝他点头微笑，并热情地邀请他到屋里坐。李白就跟着进去了。

一进门，老人就朝李白跪下，说："感谢救命大恩人！"

李白呆呆地站在那里，不知是怎么回事。老人含着眼泪告诉李白："我姓纪，我的家乡在幽州。有一年遭遇灾荒，家里三亩地颗粒无收，什么吃的都没有了，我和老伴带着孩子到山上剥树皮，忽然两只吊睛白额大虎扑了上来，把我那可怜的老伴吃了。我和孩子吓得魂不附体，呆呆地站在那里等死，多亏大人拉弓放箭，一下子射死了两只老虎，我们父子俩才死里逃生。"

经老人这么一说，李白想了起来，他连忙扶起老人说："算不了什么，算不了什么。"

老人说："这些年，为了报答你的恩情，我和儿子一直在暗地里跟着你，除了你在京都时，我们进不了皇宫外，从金陵到庐州，从宣城到采石矶，你走到哪里，我们就跟到哪里。我们就是想，如果你遇到困难，我们能在身边帮助你。"

李白听了，热泪盈眶，一把拉住老人的手，感动地问："老人家，您的儿子呢？"

老人顺手一指，说："他呀，在鲁老板的酒店里当小伙计呢。"然后，从屋里抱出一大坛子酒来，对李白说：

"大人，听我儿子说，你最近没有酒喝了，今天就在我这里开怀畅饮吧。"老人拍了拍胸脯，豪爽地说，"这是我老头子亲自酿造的，味道一点也不比鲁老板家的差。往后你喝的酒，我老纪头全包了！"

李白高兴极了，憋了好多天的酒瘾，一下子全冲了出来。他等不及老人把菜拿上来，就倒出了一碗酒，端起杯来一饮而尽。就这样一碗一碗地喝着，足足喝了一坛子酒，李白醉了。他眯着醉眼，跌跌撞撞地跑到门外"联璧台"上，叫人拿笔。老人知道李白诗兴来了，赶快递上准备好的笔墨纸砚。李白遥望滚滚的大江，如血的落日，提起笔一挥而就：

> 天门中断楚江开，碧水东流至此回。
>
> 两岸青山相对出，孤帆一片日边来。

这首诗的意思是：浩荡东流的楚江冲破天门山奔腾而去，江水流经两山间的狭窄通道时，突然转了个弯儿。两岸的青山相互对峙，一只小船从太阳升起的地方悠悠驶来。

老人伸出颤抖的手，捧起墨迹未干的诗，跑回他的小草屋里，恭恭敬敬地把诗贴在墙上。

从那一天起，这个普通的小草屋就变得热闹起来。一开始是当地的老百姓来看墙上的诗，一传十，十传百，后来很多人特地从千里之外赶来欣赏这首诗。大家问这是谁写的诗，老人竖起拇指，自豪地说："这是当代诗仙李白亲笔写的！是他喝了我酿的美酒后写出的好诗！"

一听这话，南来北往的人都争着到这里来，坐下喝两盅，细细品味醉人的美酒，领略诗人创造的意境……后来老

人干脆把在鲁老板家做小伙计的儿子叫了回来，在家里开起了酒店，并给自己的酒店起了个响亮的名字，叫"太白酒家"。"太白酒家"的生意越来越旺，最后连鲁老板家的老客也都跟过去了。

那个鲁老板看到自家酒店门庭冷落，又气又急。左思右想，叫佣人捧着几只大元宝，外带两坛美酒，亲自到江边去拜访李白，目的是请他也为自己写一首诗，撑撑门面。

李白一眼看出鲁老板的来意，冲他摆摆手："你家酒池太浅，禁不住我一口喝啊！"说罢，扬长而去。

鲁老板急得像热锅上的蚂蚁，嘶哑着喉咙喊道："仙人那仙人，你停停，有话好说，好说！"才跑出几步，被石头绊了一脚，"扑通"一声倒在沙滩上。

不久，鲁家酒店就关门了，而纪老汉的"太白酒家"生意却一天比一天好。

一年以后，老汉去世了，李白悲痛欲绝，难过之极，整整哭了三天三夜。他把酒洒进了长江，并且写下一首悼念老汉的诗：

> 纪叟黄泉里，还应酿老春。
>
> 夜台无李白，沽酒与何人？

这首诗的意思是：纪老人在黄泉之下，还应该会酿好喝的老春酒吧！可那里没有李白，你把酒卖给谁喝呢？可见，李白与酿酒老汉情谊多么深厚！

一千多年以来，沿着长江一带，许多大大小小的酒店总以"太白酒家""太白遗风"作为店号，招揽生意。

 漫游秋浦

公元753年（天宝十二年）秋天，李白应朋友崔成甫的邀请，一起漫游金陵、宣城、南陵等地。

从南陵向西走一百多里，有个秋浦湖（现在的安徽省池州市西）。崔成甫说那里的风景很优美，他们就一起去秋浦游览了。蓝天、白云，波光粼粼的湖面，连绵起伏的山峰，构成一幅美丽的风景画。

"好美啊！"李白赞叹道。

可是，一想到正在危难中的国家和受苦的老百姓，他的脸上又露出了忧愁的表情。

崔成甫告诉李白：害死李适之和李邕的奸相李林甫已经死了，当今丞相是杨贵妃的堂兄杨国忠。这个人为了讨好皇上，连续发动了两次对云南省少数民族部落的战争，一共死伤了二三十万战士。老百姓们的生活更苦了。

"唉！当今朝廷政治腐败，全国上下一片混乱。我空有治国的方法，却因为受到排挤，而不能实现理想啊！"李白感慨了起来。

晚上回到住处，他对着镜子发呆。镜子里一个白发苍苍的老人正失魂落魄地看着他，那就是镜子里的李白。不知道从什么时候开始，李白已经变成一个老人了。"曾记当年骑竹马，转眼已是白头翁。"李白感慨：小时候的事情还历历在目，记忆犹新，怎么一转眼就变成一个头发花白的老人了呢？他不由提起了笔，写下一首诗：

白发三千丈，

缘愁似个长。

不知明镜里，

何处得秋霜？

这首诗的意思是：我的满头白发，看来有三千丈长了，都是因为心头无限的愁丝所致。这个明镜应该没有愁绪吧，怎么也映满了秋霜呢？

写完诗之后，李白又发起愁来。这样一个忧国忧民的人怎么能不"愁生白发，鬓染秋霜"呢？

看到李白整天发愁的样子崔成甫很难过，就在一个月亮很大很圆的晚上，带着李白出去闲逛了。他们沿着秋浦湖边弯弯曲曲的羊肠小路，向远处的山上走去。

"看，这么晚了，那湖里还有很多船啊！"李白惊奇地对好友说。

"是呀，真是奇怪，不知道是游船还是渔船呢？"崔成甫说道。

正说着，一条小船向岸边划过来。小船靠岸后，跳下来两个渔夫，他们抬着一只装满大鱼的箱子。

李白问："这么晚还打鱼啊？"

年轻的渔夫高兴地回答："现在正是鱼儿最肥美的时候，我们昨天晚上就到这里来了。你看，收获还不错吧。"

李白二人大笑，说道："真是很不错！"

崔成甫问："你们这是要到哪里去呢？"

年纪稍大的渔夫用手一指前面的小渔村，说："我们先回家去，我老了，身体不行了，回去先歇一会儿。我的这小儿子送完了鱼，还要回来跟他的哥哥们继续捕鱼呢。"

"我们也正好要到那里去。来，我们帮你们拿吧。"李白豪爽地说。

"壮士，这可不敢当。"老人推辞道。

"没有关系。"李白二人就上前帮忙了。

很快，他们走进了小渔村，来到了渔夫的家里。

这时已经是深夜，却不见这家的女主人。李白好奇地问："你们家的女主人呢？"

老渔夫说："我的老伴和儿媳妇们都到山里张网捕鸟去了。我们家人口多，现在的苛捐杂税也重，不得不拼命劳作啊！"转而老渔夫又露出幸福的笑容，说："还好，我们家的人都很能干，日子过得还算不错。"

李白二人坐了一小会儿，觉得不便再打扰渔家，才起身告辞了。

他们继续往山上走。忽然，他们发现村头有一片夺目的亮光，还伴随着震耳欲聋的金属撞击的声音。

崔成甫很好奇，他看了看李白，问："你知道这里是做什么的么？"

李白想了想说："要不，我们过去看看吧。"

走得近了，他们还听到了高亢的劳动号子，此起彼伏，响彻夜空。

原来，这是冶炼金属的地方。炉火熊熊燃烧，映红了整个天地，在夜幕中远远望去，景色非常壮观。放眼望去，有两三百个工匠在忙碌着。他们都长得非常健壮，有的光着胳膊，抡着大锤，猛砸巨大的矿石块，激起石屑乱飞，火星四

射。有的工匠蹲在烧得火红的熔炉边使劲地拉风箱，"呼呼呼——"风箱大声地叫着，把风送进炉子里，鼓起火红火红的耀眼的火光。炉中喷出一股股紫色的浓烟，时而有猩红的火星从炉烟中欢快地跳出来。工匠们的脸庞在月色的笼罩下和炉火的辉映中，一个个显得精神焕发，红光满面。繁重的体力劳动，并没有压垮他们，相反，他们在这种艰苦的工作中，感到了一种发自内心的豪迈与振奋。他们一边挥汗如雨地劳作，一边情绪昂扬地放歌，甚至让寒冷的河水都为之激情荡漾起来！

李白被眼前的一幕强烈地震撼了，他在这一瞬间，已经全然忘记了自己满头的白发，也忘记了自己的壮志未酬，他深刻地感受到生命的可贵，体验到劳动的崇高。他的灵感又一次焕然喷发，于是大笔一挥，写下了这样一首诗：

炉火照天地，红星乱紫烟。

赧（nǎn）郎明月夜，歌曲动寒川。

这首诗的意思是：炉火映照着天空和大地，红红的火星搅乱了紫色的烟雾。工匠们一个个精神焕发，红光满面，他们的歌声响彻夜空，让寒冷的河水都为之激情荡漾起来！

"好！"崔成甫赞叹不已，"这种平常的劳动场面居然被你写得像天庭的炼丹炉一样让人向往，真是太美了。不过，我想不明白，那'赧郎'二字是什么意思啊？那些工匠看到你并没有害羞呀，'赧'不是因为害羞而脸红的意思么？"

李白笑着说："这个词是我发明的。你看，他们的脸全都被炉火映红了，红得像看到我害羞了一样，称'赧郎'最

合适了。"

此时的李白，似乎从愁绪中走了出来，重新发现生活中处处存在的真、善、美。

李白在秋浦呆了十多天，写下了十七首诗，都是描写秋浦的山川景物、风土人情的，于是把它们编成了一组，题为《秋浦歌》。

李白又要走了，他要到浔阳去。他虽然看起来潇洒自在，浪漫逍遥，似乎无牵无挂，其实他也时时刻刻惦念着子女，思念着家人。有一个晚上，他又想念他的夫人宗氏了，于是写了一首《秋浦寄内》寄了出去。诗中有这样四句：

> 我今浔阳去，
>
> 辞家千里余。
>
> ……
>
> 红颜愁落尽，
>
> 白发不能除。
>
> ……

这四句诗的意思是：我现在要到浔阳去了，离家有一千多里地呢！青春的面容因为发愁已经变得苍老，我的白发已经长了很多，没办法一根根把它们拔掉了。

别汪伦

这一天，李白正与崔成甫告别，要到浔阳去，忽然崔家的仆人来报："李大人，这里有您一封信。"

李白接过信，只见上面写着几个大字"李翰林亲启"。李白很奇怪，连忙把信拆开来看，信上写着："先生喜欢游玩吗？我们这里有十里桃花。先生喜欢喝酒吗？我们这里有万家酒店。请您来我们宣州（今属安徽）泾县玩儿吧。我叫汪伦。"

李白看完信后非常开心，当下决定接受这个未曾谋面的汪伦的邀请，到泾县去欣赏那里的十里桃花，品尝那里的醇厚美酒。他收拾了行李，和崔成甫告别，兴冲冲地往泾县去了。

"那十里桃花、万家酒店不知道会有多美，我还从来没有看到过呢。"李白边走边想，"一棵棵妖娆的桃树排列着，一眼望不到边。粉红色的桃花像天上的云霞一样，不，不仅有粉红色的，还有白色的，大红色的……粉红色的，像小姑娘红扑扑的脸，白色的像天上的月亮，大红色的像宗氏夫人的大红袄。那万家的酒店呢，一定是金碧辉煌、富丽堂皇的……"

没走几天就到了泾县。这个小县城确实很美，绿树成荫，山花烂漫。一阵风吹过，绿叶轻轻摇摆，似乎在向李白招手；山花散发出一阵阵芳香，李白心旷神怡；叽叽喳喳的小鸟儿围着李白欢叫，好像在迎接他一样。

"这里真美呀！"李白心中感慨。他一边寻找十里桃花、万里酒家，一边寻找汪伦。

他看到一个过路的樵夫，便走过去礼貌地问道："壮士，你好，你可知道十里桃花和万家酒店在哪里么？"

那个樵夫看了看李白，说："我在这里住了四十多年，

从来没有听说有十里桃花和万家酒店啊！"

李白很吃惊，又问道："那你可认识一个叫汪伦的人么？"

樵夫笑着说："汪伦啊，当然认识了，他可是我们这里的名人啊！他种的庄稼收成总是最好，他写的诗我们都喜欢，他唱的歌大家都爱听呢！"

李白又问："那请问怎么才能找到他呢？"

樵夫指着不远处的一所房子对李白说："汪伦就住在那里。"

李白谢过樵夫之后，就匆忙向汪伦家走去。还没走到门口，就看到一个村民打扮的人在门前大杨树下坐着，一副焦急等人的样子。李白刚想上前打探一下情况，只见那个人快步走上前来说："您就是李翰林吧！"

李白点了点头。

那个人马上拱手相拜，说："李大人，见到您真是太荣幸了，我就是请您来做客的汪伦。"

李白奇怪地问汪伦："我怎么没有看到十里桃花和万家酒店呢？"

汪伦解释说："我信里所说的十里桃花，是指十里之外有个桃花潭，而万家酒店呢，是说有一家姓万的人开的酒店。"

李白听了哈哈大笑，然后又不解地问："你我素不相识，为什么要请我来呢？"

汪伦恭敬地说："我早就听说您才华过人，而且心怀天下，非常佩服。前几日，我到秋浦去的时候，听到许多您的诗，非常感动，很想成为您的朋友，才出此下策。不过，我们这里的风景确实很美，希望您能在我的家里住上一段时间。"

李白被汪伦的真诚打动，真的就在汪伦的家里住下了。汪伦非常高兴，吩咐妻子准备香喷喷的饭菜，还拿出多年的好酒热情地款待李白。乡亲们得知李白来了，也纷纷到汪伦家拜访这位才华超群，会给老百姓写诗的诗仙。

一转眼，李白在汪伦的家里住了七八天了。正赶上农忙时节，汪伦一家到田地里干活儿去了。李白不想再给汪伦添麻烦，就给汪伦留了一封信，准备悄悄地坐船离开。

小船就要出发了，李白回望那个美丽的村庄，想起热情好客的汪伦和勤劳善良的村民们，心中充满了温暖。忽然，李白听到一阵清亮的歌声，悠扬动听。"这是谁在唱歌呢？"他远远地望去，只见汪伦和乡亲们手拉着手，一边唱着歌，一边用脚踏出节奏，向李白的小船走来。仔细一听，唱的居然是给他送行的歌。其中汪伦唱得最响亮、最动听，一直唱到了李白的心里。

"汪伦和这些乡亲们对我太好了！"李白心头一热，眼泪差点掉了下来。他在船头向汪伦招手，也满怀深情地唱了起来：

> 李白乘舟将欲行，
>
> 忽闻岸上踏歌声。
>
> 桃花潭水深千尺，
>
> 不及汪伦送我情。

这首诗的意思是：李白我坐上小船就要离开了，忽然听到岸上打着节拍唱送行歌。就算桃花潭的水有一千尺那么深，也比不上汪伦对我的深情厚谊啊！

第六章

壮志未酬

重燃救国壮志

公元756年（天宝十四年）春天，李白日夜担心的事情发生了！

安禄山公然举起叛旗，攻打大唐。一夜之间，大唐帝国陷入空前劫难。洛阳已经被占领了。叛军铁蹄强弩之下的洛阳，是非常惨烈的。刀光剑影之下，到处都是飞溅的鲜血，尸体遍野。没多久，京城长安也被占领了。唐玄宗带着杨贵妃等人，逃往四川。当逃到一个叫马嵬坡（现在的陕西省兴平县西）的地方，杨国忠这个大奸臣就被愤怒的保驾的士兵们杀死了。有一个大将军对唐玄宗说："杨国忠是贵妃娘娘的堂兄，现在士兵们杀了杨国忠，如果不把贵妃正法，士兵们就无心保驾了。"众怒难犯，唐玄宗只好将杨贵妃赐死。

驸马张垍留在了长安，竟然厚颜无耻地投降了安禄山。安禄山气焰更加嚣张，得意忘形，在洛阳自称皇帝，国号"大燕"。

战争一直蔓延到黄河边上，李白放心不下家里，就急匆匆地赶回家，把夫人及儿女接了出来，逃往江南避难，住在一家小客店里。

虽然李白安全了，但是一路逃难过来，看到天下百姓惨遭杀戮，血流成河，大路两边尸骨堆成山，李白忧心如焚。而让国家变得如此破败的原因却是因为这个安禄山。

安禄山，这个名字是多么熟悉啊！李白早就知道他要造

反，几次三番告诉地方的官员，让他们上报皇上，他们都没有报。堂堂的大唐江山就要毁在这个安禄山手里了。

那这安禄山是怎样的一个人呢？

安禄山是一个少数民族人，因为办事利落，得到唐玄宗的欣赏。他花很多钱贿赂了李林甫，李林甫就在皇上面前说了他很多好话，皇上更信任他了，让他驻守边境。有一次，唐玄宗让他去见太子，他故意不给皇太子行礼，其他人指责他，他却说："我很笨，只知道天下有陛下，陛下能活一万年，不知道还会有太子。"唐玄宗听到了非常高兴。

安禄山晚年非常胖，大大的肚子垂到了膝盖上，他用两只粗粗的大胳膊用力拉着肚子才能走路。唐玄宗问："你这肚子里有什么东西呀，居然这么大？"安禄山说："只有一颗对皇上无比忠诚的心！"玄宗被他的"赤诚"感动，又升了他的官，并给他建造了当时最豪华的房子。虽然如此，但安禄山还是不知足，他还想当皇帝。他看到唐朝的军队日益松散，而皇帝年纪也大了，天天只和杨贵妃泡在一起，朝廷上都是一些奸臣在处理国家大事，国家已经很衰弱了。于是他天天在边境练兵，终于在这个春天造反了。

李白想：只恨我没有军队，也没能在皇帝身边，不然我一定带领着精兵强将把安禄山之流杀得片甲不留，让天下的老百姓重新安居乐业。想着想着，就忧郁地睡着了。

第二天刚醒来，就听到乌鸦难听的叫声。忽然有人前来禀报："李大人，附近有一位万巨大人邀请你到他的府上喝酒。"

这位万巨，是李白的老朋友，有一个外号叫"扶风豪

士"。李白应邀向那位豪士的家里走去。他的心里充斥着早上那只乌鸦带来的阴影，耳边聒（guō）噪着乌鸦不祥的啼叫。刚走到大开的城门时，又看到一夜大风吹落的满地落花，有一个人正在默默地打扫。李白的心中生出无限凄凉，他想，也许这个人正在扫的还有昨夜刚刚凋零的无数冤魂吧！

到了万巨的家里，李白受到热情的款待。几杯酒下肚，李白已有了几分醉意。他向万巨诉说着自己的志向和苦恼。

万巨感慨道："国难当前，我们都空有一身的才华，却没有办法为国效力，真是一大遗憾啊！"

李白叹息了一声，说："看到老百姓们受苦，我的心都像碎了一样。"

万巨哀伤地说："在战火纷飞、大敌当前的时候，同为老百姓的我们，只能先保住自己的命了。"

李白忽然变得慷慨激昂起来，"现在国难当前，我的志向还没有实现，我还想干一番大事情，然后功成身退。"说到激动之处，不禁又端起酒杯，吟起诗来：

洛阳三月飞胡沙，洛阳城中人怨嗟。

天津流水波赤血，白骨相撑如乱麻。

我亦东奔向吴国，浮云四塞道路赊。

东方日出啼早鸦，城门人开扫落花。

梧桐杨柳拂金井，来醉扶风豪士家。

扶风豪士天下奇，意气相倾山可移。

作人不倚将军势，饮酒岂顾尚书期。

雕盘绮食会众客，吴歌赵舞香风吹。

原尝春陵六国时，开心写意君所知。

堂中各有三千士，明日报恩知是谁？

抚长剑，一扬眉，清水白石何离离。

脱吾帽，向君笑，饮君酒，为君吟：

张良未逐赤松去，桥边黄石知我心。

这首诗的意思是：暮春三月，在洛阳城里，叛军入侵，灰尘和沙土漫天飞扬，一片地暗天昏。城里的百姓叫苦连天，有的因失去亲人悲惨地哭泣；天津桥的下面，鲜血流成河，红色的河水滚滚向前流去。洛阳城的郊外，白色的人骨堆成了山，正在腐烂的尸体漫山遍野。我只能逃到江南隐居起来，没想到逃难之人像天上的白云那么多，把遥远的道路都堵塞了。

太阳从东方升起，那第一缕朝阳惊起了乌鸦的鸣噪；打开城门，人们忙着扫除那些凋落一地的花儿；梧桐长出手掌一样大的叶子，杨柳飘絮，风吹着雕饰华美的井栏。环境如此清雅，我来扶风豪士家醉饮。扶风豪士是天底下的奇人，和我意气相投又相互敬慕，我们的情谊深厚撼山移。做人不倚仗他人的权势，好客的人喝酒绝不把权贵放在眼里。精美的雕盘里装满了丰盛的菜肴，江南的歌舞尽展欢乐，带着花香的风轻轻地吹了过来。战国时，赵国平原君、齐国孟尝君、楚国春申君、魏国信陵君四公子，真诚待人你深知；堂中食客三千人，来日报恩出力的会是谁？我手里拿着我的宝剑，横着眉，立起剑，胸怀坦荡，磊落光明。我摘掉帽子，笑着向你行礼，喝你的美酒，为你唱歌。我之所以没有像张良那样随赤松子隐去，因为敌人没有被打退，我的大事还没

有完成。你应当像黄石公那样，知道我的心，明白我的意。

救国救民的雄心壮志从李白的胸中涌出，不可遏制。他的眼睛里闪出亮光，好像一位带领着千军万马的将军，正指挥着士兵们冲向敌人。

✳ 一心报国上征途 ✳

李白一直为国家忧心忡忡，没多久就病倒了。一天，刚吃过午饭，一个小伙计过来通报：

"永王派来了使者，拜请李先生。这是聘书。"

永王名叫李璘，是唐玄宗的第十六个儿子。玄宗在逃亡的路上，曾经下过一道叫做"分制置诏"的密令，命令永王李璘负责保卫长江以南地区。永王李璘奉诏在江陵（现在的湖北省江陵县）、江夏（现在的湖北省武昌地区）等地招兵买马，而且筹集了大量的军费和粮草。他还准备招募更多的人才，为大唐朝廷效力。李璘早就仰慕李白的大名，于是派使者送去聘书，请李白加入他们的军队，共同商议救国大事。

李白拿起聘书看了一眼，就高兴地说："小二，快把使者请进来说话。"而宗氏夫人却一把拦住了李白，把他扶到床上，说："等一下，你不能去。"然后亲自到门外谢绝了使者的请求。

宗氏夫人一回房间，李白就非常难过地问："你为什么不让我去啊？"夫人说："你刚刚生病，还没有好，还是先

在家里休养一段时间吧。"李白含着眼泪对夫人说："夫人，你应该知道我是因为什么生病的。永王奉诏出征，是伸张正义的大军，我到那里为国家效力，病自然就会好了。"话已至此，宗夫人只好如实说出自己的担忧："太白，我想永王请你，不过是因为你写诗的名气大，可以替他写一些歌功颂德的诗篇，恐怕不会真心重用你的。"

李白说："那聘书上写得明白，让我去共同商议救国大事的，你没有看到么？"

夫人怜爱地看着李白，说："那聘书上还写着让你去永王那里当幕府，而不是当将军，应该只是为他写写诗吧。"

李白觉得有理，也就不争辩了。

谁知，第二天永王又派来了一位使者，催李白火速出山。使者告诉李白，如今太子李亨已经在灵武（现在的宁夏回族自治区）称帝了（即唐肃宗），尊唐玄宗为太上皇，正派郭子仪等将领收复长安和洛阳呢！李白忍不住又跃跃欲试，但夫人又替李白婉言谢绝了。

使者走后，李白惋惜地对夫人说："现在正是国难当头的时候，国家非常需要人才，你为什么不让我去呢？"

夫人深情地看着李白，说："我听说永王这个人刚愎（bì）自用，且太子刚刚即位，天下还是一片混乱，难保不会闹出一些乱子来。我担心你卷了进去，报国不成反而受到连累啊！"

李白想了想，不说话了。

正在这时，又有一个人来拜访李白。他是永王幕府里最有才华的人，叫韦子春。他也是来劝李白加入到永王的军队

的。李白深感礼节的隆重，就不再听从夫人的意思，下定了决心，一口答应了下来。

夫人很难过，对李白说："你为什么要去，这兵荒马乱的，你在家里多好呀！"李白豪气冲天地说："夫人，我和你在这里隐居，确实挺好的，但是天下的苍生需要我啊！"夫人理解李白的心，不再说话了。

这天夜里，夫人含着眼泪细心地为李白打理行装。李白跟在夫人的身边，也不肯先睡。夫人边收拾，边对李白说："你先睡吧，明天还要远行呢。"

李白说："我要陪着你，不知此次一别，什么时候再能与你相聚。"

夫人一把抱住了李白，哭着说："太白，你还是和我留在这里吧！我真的很不放心你啊！"

李白对夫人说："我是去为国效力的，你应该高兴才对啊！就收拾到这里吧，我们休息去。"

天亮后，李白动身下山。夫人送了一程又一程，含着眼泪说了一遍又一遍："你到了那里以后，要给我写信呀，一定要告诉我你回来的日期啊！"

李白眼含热泪，却笑着说："夫人，临别之际，我送你一首诗吧。"然后吟道：

> 出门妻子强牵衣，
>
> 问我西行几日归。
>
> 归时倘佩黄金印，
>
> 莫学苏秦不下机。

这首诗的意思是：出门时妻子拉着我的衣服不让我走，

她问我去多长时间，什么时候回来。我如果当上了宰相，拿着黄金印回到家里，你可别学古时候苏秦的妻子，觉得我很俗气而不走下织布机来迎接我啊！

夫人听了这首幽默的诗，不禁破涕为笑了。

就这样，李白来到了永王的水师中。永王十分高兴，当晚就设宴款待李白。李白神采飞扬，畅谈报国的心愿："这一次动乱，安禄山的军队虽然勇猛，但是永王殿下按照朝廷的谋略，率领大军镇守南方，使我这样的人也有了报国的机会。我腰间的宝剑，锋利得可以劈开天上的浮云！希望在座的所有人，我们齐心协力，一起讨论用兵的策略，报答朝廷的恩德，哪怕是血染沙场也在所不惜。只盼战胜叛军，大功告成，我将像鲁仲连那样，不受重赏，退隐山林！"

"李先生一片赤诚，令人敬佩。这番话语，简直是一篇壮丽的诗章！"

……

这天夜里，李白兴奋得不能入睡。他披起衣服，走出军营，在江边漫步。夜已经深了，天很凉，但是他的心里，却像有一团火在燃烧。遥望中原，他更觉重任在肩。

没过多久，永王宣告出师。永王军中救国杀敌的气氛深深地感染着李白，他充满激情地抒写了《永王东巡歌》十一首，他认为只要永王一出征，长江流域的局面就会趋于稳定，被安禄山攻占的山河就会被收复。他完全陶醉在还没有来到的胜利的喜悦之中。

身陷囹圄（líng yǔ）

李白进入永王的军队后，享受很高的礼遇，每天都和永王一起登上东巡的楼船，参加若干军事会议。他亲眼看见，东南一带的百姓无不拥戴永王，视他为救世主。于是李白诗兴大发：

> 二帝巡游俱未归，五陵松柏使人哀。
>
> 诸侯不救河南地，更喜贤王远道来。

这首诗的意思是：玄宗、肃宗两位皇帝巡游还没有归来，诸位先帝陵寝的松柏蒙受战火看起来都让人感到悲哀了。各位诸侯们不来解救河南这个地方的老百姓，还好贤明的永王远道而来了。

他坚信有永王在这里，失地就会被收复，但他没有想到的事情发生了！

原来，唐肃宗李亨在灵武是私自即位的，并不是唐玄宗让位的。他生怕自己的皇位被弟弟永王李璘抢去，所以下了一道诏令，叫永王放弃兵权，到四川见太上皇。永王确实有想当皇帝的野心，他不肯放弃兵权，于是，肃宗就以违抗皇令为借口，发兵围剿永王李璘。几场激烈的战斗打下来，死伤很多人，肃宗皇帝最终打赢了同父异母的弟弟永王。

永王的将士们，逃跑的逃跑，被杀的被杀，被流放的被流放。永王见大势已去，慌忙带了五个人，向南方逃去。逃到大庾岭时，被人抓住杀死了。李白还没明白是怎么回事呢，也就夹在败军中往南方奔逃。当他逃到彭泽（现在的江

西省彭泽县）的时候，被人抓了起来。

抓住李白的官员说"二帝巡游俱未归，五陵松柏使人哀。诸侯不救河南地，更喜贤王远道来"是造反的诗，李白应该被杀掉。所以，把李白送进了关押死刑犯的浔阳（现在的江西省九江市）监狱。

关押李白的监狱狭小、阴暗、潮湿，虽然天已经大亮，但是这一小方囚室里只照得进来幽幽的几缕阳光。一夜之间，李白的脸上已经布满了皱纹，他的头发全白了。

他想到多灾多难的国家，受苦受难的百姓心如刀绞，想到李夫人，更是泣不成声："唉，悔不该不听夫人的金玉良言！"很崇拜李白的狱卒看到他痛苦的样子，就好心地给他拿来一杯水，他拿起杯子，却喝不下去一滴水；狱卒又给他拿来了酒，他依然喝不下去。他的眼泪已经变成了血，落在杯子里，把杯子都染红了。李白觉得自己快要气疯了，他怀着满腔的热情，要为国家、为朝廷做大事，没想到做了皇室互相残杀的牺牲品。

好心的狱卒对李白说："李大人，我知道你是被冤枉的。你的名气很大，为人也非常好，你还是写几封信求一些朋友，说不定还会有转机呢！"

李白仰天长叹："我现在只想见见我的夫人。"

好心的狱卒说："你给夫人写封信吧，我一定会帮你带到的。"

李白道过谢后，拿起了纸笔就给他亲爱的夫人写了一封信，叙说自己的不幸遭遇。

这封信就像晴天霹雳一样，宗氏夫人一看完信，就晕倒

在地。当她醒过来的时候，就带着已经长大成人的平阳和伯禽风尘仆仆地赶往浔阳探监去了。

当李白还在木然地望着囚室的铁栅栏时，那个好心的狱卒忽然来报："李大哥，你的夫人和儿女来看你了。"

接着，就看到三个熟悉的身影扑了过来。平阳和伯禽看到父亲这么憔悴的样子，禁不住放声大哭起来。

李白和夫人则隔着铁栅栏，流着眼泪互相凝望着，好半天说不出话。

"你，你受苦了。"夫人先开了口。

李白深情地望着夫人，哽咽地说："夫人，难为你了。"

夫人说："太白，我知道你是冤枉的，你不能死，不仅我和孩子们需要你，你忘记了么，天下的苍生也需要你啊！"

李白悲观地说："也许是我错了，你应该知道，不管怎么说，我犯的是死罪啊！"

夫人鼓励李白："我知道你是一块纯洁的白玉，虽然身陷牢狱，但是贤明的君子会看得见的。太白，你也要勇于向命运抗争，让贤明的君子看到你啊。我知道你有好多朋友都在京城做官，你找找他们帮忙；我会在外面向管你这个案子的人陈诉冤情，让你早日出狱。"

看着夫人坚毅的表情，李白点了点头，答应了夫人的要求。

送走夫人之后，李白向好心的狱卒要来纸和笔，开始给他的好朋友高适写信，写自己的冤情。这时候的高适身兼三职——御史大夫、扬州大都督府长史、淮南节度使，是一个

拥有军事权力的大人物。信投出去后却如石沉大海没有了音讯，后来李白才知道，原来高适怕受到连累，所以不敢向皇上为他求情。

好心的狱卒总是去安慰李白，一有什么消息也马上去告诉他。这一天，狱卒高兴地告诉他：夫人到处找人昭雪李白的冤情，当得知御史中丞宋若思处理这个案子，就千辛万苦地找到了他，向他哭诉李白的冤情。宋若思非常欣赏李白的才华，并很同情他的遭遇，已经答应替李白昭雪了。想着自己处在这么危难的时刻，妻子到处奔走，李白觉得非常感动，他向狱卒要来了纸笔，给妻子写了一首诗《在浔阳非所寄内》：

> 闻难知恸哭，行啼入府中。
>
> 多君同蔡琰，流泪请曹公。
>
> 知登吴章岭，昔与死无分。
>
> 崎岖行石道，外折入青云。
>
> 相见若悲叹，哀声那可闻！

这首诗的意思是：听说我遇难了，你放声大哭，哭着跑回了家中。感激你就像当年的蔡文姬一样，为了救她的丈夫而在曹操面前求情。多么艰难，你都在为我努力，我听得到你哭泣的声音。

然而，事情远比李白想象的复杂。宋若思上书给唐肃宗，用词非常恳切，他说李白是个军事人才，没有造过反，应该马上释放并留在朝廷效命。但唐肃宗很不相信，依然想把李白杀掉。几经周折，依然没有转机，大家都很焦急。

李白的其他好朋友听说之后，也为此事奔走，希望能够

救李白一命。其中有宰相张镐、江南宣慰使崔涣等人，还有被李白救下的好朋友郭子仪。

当时，郭子仪因为战功累累，已经被皇上封为天下兵马副元帅，兼左仆射，他的权力非常大。他正直善良，受到所有人的尊重，连皇帝都不直呼他的姓名。郭子仪听说了李白的事之后，更是非常着急，因为他知道，李白是那样深爱着他的国家和人民，怎么可能造反呢。于是也多次劝谏唐肃宗查明案情，释放李白，但肃宗还是无动于衷。郭子仪下定决心不能眼睁睁地看着李白蒙冤而死，在一天上朝的时候，他悲痛地跪在地上，眼含热泪地说："皇上，李白是被冤枉的，请您饶恕他吧。"

唐肃宗看了看郭子仪，说："无论如何，李白是参加了永王的军队的，这就是造反，怎么能说饶恕就饶恕呢？"

郭子仪说："皇上，李白真的是冤枉的，我愿意拿我的官职来换取李白的生命。只要您释放了李白，我愿意脱下官服，到山中做一个老百姓。"

唐肃宗非常惊讶，说："郭将军，请起。"

那么多人都为李白求情，连最德高望重的郭将军都愿意用官职来赎李白的生命，唐肃宗只好做出了让步，免除了李白的死罪。

宋若思在第一时间就跑到了浔阳，把这个好消息告诉了宗氏夫人，宗氏夫人迫不及待地带着平阳和伯禽姐弟两人去接李白出狱了。

看着已经长大成人的儿女，李白为自己没有尽到父亲的责任内疚起来；看着为了他的事而变得非常憔悴的妻子，他

不禁心生感动。

宋若思向李白简单地叙说了他被免除死罪的过程，李白得知有那么多暗中帮助自己的朋友，心里充满了温暖。

流放夜郎

虽然在朋友们的帮助下，李白出狱了，可朝廷只是免除了李白的死罪，不久，又下令把他流放到夜郎（现在的贵州省桐梓县附近）。

公元758年（唐肃宗乾元元年）的春天，又是一个百花盛开的季节，但是，已经58岁的李白情绪非常低落。他觉得自己的才华不可能再被天子赏识了，自己是顶着造反的罪名被流放到夜郎去的，并且永远回不去了。经历了这些坎坷以后，李白心力交瘁。

李白和一个狱官一起坐船出发，因为有家事要忙，他的儿子伯禽回山东去了，女儿平阳回江西去了。来送他的只有妻子宗氏和妻弟宗璟，姐弟二人一直把李白送到浔阳江边。

李白深情地看着妻子。

夫人哽咽着说："太白，从这里到夜郎路途遥远，听说要走好几年，你一定要好好照顾自己。"

李白沉吟了一会儿，终于说："让我好好看看你吧，也许我再也看不到你了。"

夫人连忙打断了李白："怎么会看不到呢？也许哪年皇

上再开恩，就把你赦免了呢？那时你一定不要到处乱跑，先回家看看我啊！"

李白又沉吟了一会儿，几乎绝望地说："原来我还很愁苦，想了很多事情，甚至还有些希望……但是现在我认了，也许这就是命吧。"说完，眼泪就流了下来。

夫人掏出手帕，哭着帮李白擦拭眼泪，她动情地说："不要难过，我们的心永远伴随在你的身边。"

"李先生，快上船吧。"那个狱官催促了起来。

夫人拉着李白的手，说："你去吧，一定要好好照顾自己啊！"

李白点了点头，转身向小船走去。夫人一直目送李白的小船越走越远，直到再也看不见了。

五月，这条小船到了江夏，八月到了汉阳。因为李白的才华天下皆知，他的爱国热情无人可比，而且他为人正直善良，所以朋友遍布各地，其中有很多官员。还有很多官员听说过李白的故事，也非常敬佩他，所以每到一处地方，都有当地的地方官热情地招待他，让他住在当地最好的地方，拿最好吃的东西款待他。他们知道李白喜欢喝酒，就拿最好的酒给他喝；知道他喜欢游山玩水，就陪他到当地风景最美的地方游玩。而李白就写动人的诗回报他们。唐朝的官员如此争相款待一个犯人，成了当时官场上的一道美景。经过一段时间的调理，李白也渐渐恢复了健康。

到了洞庭湖，李白完全恢复了体力。应当地另一位诗人，巴陵的太守贾至的邀请，他游历了非常熟悉的洞庭湖。以前的李白似乎又回来了，他在那里写下了一首诗：

> 拂拭倚天剑，
>
> 西登岳阳楼。
>
> 长啸万里风，
>
> 扫清胸中忧。

这首诗的意思是：用衣袖擦拭着倚天宝剑，从西面登上岳阳楼。呼啸着的万里大风，扫清我心中的忧愁。

第二年初，即公元759年（唐肃宗乾元二年），李白到了三峡。过了西陵峡口，辽阔的江面忽然变得很窄，两边山壁像用刀削过一样。李白又感慨起大自然的鬼斧神工了。

到了冬天，他们走到巴东县，李白弃船登上巫山顶，他已是快到60岁的老人了，依然豪气冲天，不觉吟诵几句诗：

> 江行几千里，
>
> 海月十五圆。
>
> 始经瞿塘峡，
>
> 遂步巫山巅。
>
> ……

这几句诗的意思是：沿着长江走了几千里地了，海上的月亮十五的时候很圆。一到了瞿塘峡，就信步登上了巫山之顶。

李白从浔阳走到奉节，一共走了一年半。奉节又称白帝城，再向南，就快到夜郎了。这天早上，他忽然接到喜讯：唐肃宗因册立了太子而大赦天下。

赦令说："天下现禁囚徒，死罪从流，流罪以下一切放免。"

意思是说：全国现在关押着的罪犯，如果是死罪，就从

轻，减为流放罪，流放到边塞；如果是流放罪或者以下罪刑的，全部免除处罚。李白是流放罪，那么现在就被无罪释放了！他自由了！可以去他想去的地方了！

李白立即叫艄公调转船头，从白帝城出发，向千里之外的江陵驶去。江水湍急浩荡，小船像飞起来一样，轻快地向前驶去。江面上阳光灿烂，蓝天上白云朵朵，两边的山上小猴子们正在不停地啼叫，那轻快的小船已经驶过了千山万岭。这真是难忘的一天，李白站在船头，掩饰不住心中的激动，大声吟唱：

> 朝辞白帝彩云间，
>
> 千里江陵一日还。
>
> 两岸猿声啼不住，
>
> 轻舟已过万重山。

这首诗的意思是：早上辞别了彩云缭绕的白帝城，小船跑得好快呀！一千里外的江陵只要一天即可到达。岸边小猴子的叫声还没停止，可那轻快的小船已经驶过了千山万岭。

壮心不已

李白遇到这次赦免欣喜若狂，他慷慨报国的壮志又在心中熊熊燃烧起来。他又开始幻想，他认为一定是现在的皇上唐肃宗看中了他的文章，欣赏他的才华，就像汉武帝读到《子虚赋》，把司马相如召进京城去一样，他也有这样的机会了。他非常高兴，所以要放声大叫，使楚地的七泽腾起云

雾；他要纵情歌唱，使湖南的绿水翻涌波澜。正是春天百花齐放的时候，用小船载着美酒，痛快地喝一次酒吧，尽情的欢迎吧，就算花费多少金钱也不用吝惜吧！抱着仅有的幻想，李白在离京城很近的地方逗留，等待着朝廷召回的好消息。

当李白到达江夏（现在的湖北省武汉市）的时候，他的好朋友、当地的太守韦良宰听说了，就把李白邀请到家里，摆了一桌丰盛的酒宴来为他庆贺。在座的每一个人都非常替他高兴，不断地为他祝酒。

大家正喝得高兴的时候，李白兴奋地端起酒杯，向韦良宰敬酒，"来，多谢你的款待，今天我敬你一杯！"韦良宰也举起了酒杯。李白说："我来送你一句诗。"然后随口吟了出来："君登凤池去，勿弃贾生才。"

这句诗的意思是：韦太守你到长安的凤凰池（指朝廷）去做大官，不要忘记我这个像西汉文学家贾谊那样曾经被皇帝放逐过的才子啊！

韦良宰听了以后，哈哈大笑，说道："我是你的朋友，一直敬仰你的才华，怎么会忘记你呢？来，干杯！"

说着，就一饮而尽了。其他人随声附和："李翰林才华超凡，韦大人到了京城，一定会向皇上推荐你的，用不了多久，当今的皇上就会像他的爸爸唐玄宗那样把你请过去的！"

李白自信满满地又吟起诗来了："安得羿善射，一箭落旄（máo）头。"

这句诗的意思是：让我得到古代神箭手后羿的本领吧！

一箭就把敌人的头颅射下。

他就这样热切地盼望着被朝廷召回，可是等啊等啊，徘徊一年多了，一直没有等到朝廷起用他的消息。

此时，动荡的局势让李白感到心痛：英勇善战的大将军郭子仪带着大部队，正在前方和安禄山的军队作战。但由于一连三年的大旱，很多老百姓都饿死了，军队里也没有充足的粮食，所以在相州打了一个败仗。李白恨不得也马上冲到前线去，和安禄山的军队面对面地作战，把他们打得落花流水。这一直是李白的愿望，这时候的他仍然雄心勃勃。他在等待机会。

其实，朝廷压根就没有起用李白的意思。他们根本就不想让有才华的人在朝廷里做官。唐肃宗的朝廷比唐玄宗的朝廷还要腐败，国家更混乱了。祸国殃民的奸臣李林甫和杨国忠虽然死了，但接替他们治理国家的竟是原来管养马的太监李辅国，他像那两个奸臣一样无耻。杨贵妃虽然死了，但又来了一个张良娣，皇帝天天和她泡在一起，吃喝玩乐，不理朝政，国家依然处在危难之中。

这时的朝政更加复杂。在太上皇唐玄宗与皇上唐肃宗争夺权力的斗争中，唐肃宗赢了，他把太上皇亲近的臣子都贬到很远的地方去了。比如李白的好朋友张镐、崔涣、宋若思等。杜甫经过努力，终于考中了科举，已经在京城任左拾遗的他，由于搭救一个受冤枉的贤明宰相房琯，也被贬到离京城很远的地方去了。第二年七月，因为当地大旱，闹了饥荒，老百姓饿的饿死，流浪的流浪，而杜甫不忍心收这些老百姓的苛捐杂税，只好弃了官流浪去了。正当李白在京城附

近的江汉等着朝廷起用他的时候，杜甫已经流浪到四川的成都了。只是这些事情，李白还不知道。

李白一直在外面飘泊，他开始想家了。想念对他一往情深的宗氏夫人，还有已经长大成人的平阳和伯禽。

公元760年（唐肃宗上元元年）春天，李白返回了豫章，和夫人团聚。夫人看到风尘仆仆的李白非常惊讶，过了好一会儿才回过神来，含着眼泪说："你回来了，我还以为是在梦里。"

李白望着变得憔悴苍老的夫人，感慨道："夫人，让你受苦了。"

夫人怜爱地摸着李白的头发，悲伤地说："我们分开四年多了，你的头发又白了好多啊！"

李白在家里住下了，哪里也不去了，他要陪着夫人。夫人非常开心，又和新婚时一样，每天和李白一起读书吟诗，喝酒聊天。听说父亲回来了，女儿平阳和儿子伯禽，也从远方赶了回来。他们难得能这样幸福地在一起，李白渡过了一段很开心的日子。

暮春时节，天气越来越暖，李白到宣城去看望老朋友仲浚和尚。正是春暖花开的时候，但由于干旱，大地上还是枯黄一片。连年的战争导致将士不断的牺牲，为了支撑战局，唐肃宗下令征兵。一时间，成千上万的农民又被官府们送往前线。他们当中，有的看起来刚刚成人，有的看起来只有十几岁的模样，有的都已经白发苍苍、满脸皱纹……李白走在路上，看着这些百姓穿着战袍排成一队队向前线进发，军旗在干燥的大风中飘动，战马在长鞭下悲鸣，士兵们踏着滚滚

黄尘，默默前行。在道路两边，挤满了送行的人。有拄着拐杖、步履蹒跚的老奶奶，有抱着小孩儿的年轻妇女，还有哭喊着的儿童……他们站在枯黄的野草间，流着眼泪为他们的亲人送行。

李白的思绪纷纷，他既同情老百姓的苦难遭遇，又希望他们努力作战，为国家寻回安宁。于是他写了一首壮烈而深沉的《豫章行》：

胡风吹代马，北拥鲁阳关。

吴兵照海雪，西讨何时还？

半渡上辽津，黄云惨无颜。

老母与子别，呼天野草间。

白马绕旌旗，悲鸣相追攀。

白杨秋月苦，早落豫章山。

本为休明人，斩虏素不闲。

岂惜战斗死？为君扫凶顽。

精感石没羽，岂云惮险艰？

楼船若鲸飞，波荡落星湾。

此曲不可奏，三军发成斑。

没过多久，他来到了宣城的灵源寺。他走进庙中，只见一个老和尚正在蒲团上打坐。走近仔细一看，正是他要找的仲浚师父。李白惊讶道：

"仲浚师父！真的是你！真是岁月不饶人啊，三十年前，我们在峨眉山相遇，如今都已经满脸皱纹了。"

仲浚师父慢慢睁开眼睛，感慨道："是呀，时间已经把我们变成白发苍苍的老人了。"

灵源寺非常幽静，仲浚师父让小和尚给李白倒了一杯茶，就和他坐在寺院里谈了起来。他们谈论年轻时的游历，谈论国家的遭遇，谈论他们共同的好友……

"李施主，你是从四川而来，你可知道现在四川有一个人正在思念你么？"仲浚和尚慢悠悠地问。

李白想了想，说："想不出来，你告诉我吧。"

"是杜甫！"仲浚看了李白一眼说。

李白奇怪地问："杜甫？怎么可能呢？他正在京城里做官呢！怎么会跑到四川去呢？"

仲浚师父叹了一口气，说："你还不知道啊，他因为替一个蒙受冤枉的贤相房琯说了几句话，皇上不高兴，就把他贬到离京城很远的地方去了。后来，辗转流落到四川。我在成都见过他，他现在过得很落魄。"顿了一顿，仲浚师父又说，"他写了不少怀念你的诗，还给你写了很多信，可惜兵荒马乱的，寄不到你的身边去。"

李白低下了头，也伤感地想起了他的知己杜甫。好一会儿，李白才问仲浚："师父，你读过他的这些诗么？"

"读过，有的已经忘记了，不过，还记得这首《梦李白》。"仲浚师父吟诵起来：

浮云终日行，游子久不至。

三夜频梦君，情亲见君意。

告归常局促，苦道来不易。

江湖多风波，舟楫恐失坠。

出门搔白首，若负平生志。

冠盖满京华，斯人独憔悴。

　　孰云网恢恢？　将老身反累！

　　千秋万岁名，　寂寞身后事。

　　这首诗的意思是：悠悠云朵终日飞来飘去，远方游子为何久久不至？一连几夜我频频梦见你，情真意切可见对我厚谊。每次梦里你都匆匆辞去，还总说相会可真不容易。你说江湖风波多么险恶，担心船只失事葬身水里。出门时你总是搔着白发，好像是辜负了平生壮志。京都的官僚们冠盖相续，唯你不能显达形容憔悴。谁说天网恢恢疏而不漏，你已年高反被牵连受罪。千秋万代定有你的声名，那是寂寞身亡后的安慰。

　　李白不禁热泪盈眶，心里感慨：还是杜老弟理解我啊！

　　于是，李白慷慨激昂地对仲浚说："我还要为国家和老百姓做有益的事情呢！"

　　仲浚用赞许的目光看着李白，说道："李施主壮心不已，实在是可敬可佩啊！"

　　拜访了仲浚和尚之后，李白回到家里。他依然关心着国家大事，并不断地找朋友帮忙，让他们推荐自己，让自己做官，为天下的老百姓做点事。

大鹏殒身

从公元759年（唐肃宗乾元二年），李白遇赦放还时，李白一家一直过着贫病交加的日子。灾荒连连，加上打了那么多年的仗，有的时候他们连饭都吃不饱。但在那样艰难的日子里，李白仍然密切关注着时局的发展和国家的命运。老百姓苦不堪言，李白焦虑得又病倒了。

公元761年（唐肃宗上元二年），病中的李白从朋友那得知朝廷派太尉李光弼充当河南副元帅，攻打史朝义。他兴奋不已："啊！我要从军去！去参加李太尉的东征军队！"他的眼睛里闪着光彩，从床上爬了起来。

宗氏夫人拦住了他："不行，你不能去，你的病还没有好呢。"

李白挣脱了夫人的手，说："如果你一定要我在这里，我的病就会好不了了。快去准备行李，我明天就出发！"

"可是，你已经61岁了！"夫人想劝阻他。

李白执著地说："只要我还活着，我就是一只大鹏鸟！国家需要我！人民也需要我！"

最终，他不顾家人的反对，一大清早就在夫人的蒙胧泪眼中上路了。然而，李白才刚到军队不久，病情就加重了。他胸部痛得厉害，以致喘不过气来，一下子就卧床不起，只能在金陵先养病了。

幸好李白在金陵有很多老朋友，他们都来探望李白。李白依然关心着国家大事，每天都要朋友给他讲新近发生的战

事。他根据从朋友那里得到的信息，病中写下了很多诗，来抒发他壮志未酬的悲痛心情。

正值灾荒之年，李白更穷了，连买药治病的钱都不够，而他却还是一天也离不开酒，他觉得离开了酒，自己就没办法活下去。为了喝酒，他把他爸爸传给他的削铁如泥的宝剑卖了。朋友们得知他的这种状况，都纷纷接济他。一个月后，李白的病情稍好，便辞别了金陵的朋友，准备回家。

李白路过当涂（在安徽省），在这里当县令的他的本家叔叔李阳冰热情地邀请李白住在自己家里。李阳冰是一位篆书大家，也是一个爱护百姓的好官，他治理的当涂虽然也受到了灾荒的影响，但由于李阳冰调配得当，减免了许多苛捐杂税，农民们纷纷返回从事稼耕，这里的人民还算是安居乐业。

李阳冰对李白说："这里离你们家还很远，你病得这么厉害，还是安心在这里养病吧！"

李白推辞道："这样太麻烦叔叔了，况且我还要回家看看我的夫人啊！她一定会不放心我的。"

李阳冰热情地说："没有关系，叔叔就像爸爸一样，不是外人，把他们都接到我这里来，你就在这里养病吧。"

李白看着叔叔真诚的样子，含着眼泪点了点头。没想到第二天，他又病得卧床不起。李阳冰找到当地最好的医生给李白看病，他的病情才稍有好转。为了让李白恢复体力，李阳冰带着他到长江边散步。

江边的风很大，长江水也很汹涌，像千军万马在呐喊嘶叫。李白想着自己未实现的理想，想着当涂人民的幸福生

活，对着长江发呆。

李阳冰打断了他的思绪，问道："侄儿，你在想什么？"

李白真诚地说："叔叔，您才是当代的英雄。"

李阳冰谦虚地说："贤侄过讲了。"

李白说："您虽然没有很高的官位，但是您有着正义和善良之气，这里有您在，我为当涂的老百姓感到高兴。"

李阳冰说："贤侄，你才是英雄。你才华横溢，心系国家，名满天下，很多人都非常敬重你呢！"

李白说："叔叔，我很感激你，我想为你写首诗。"

回到家里，李白写下了《献从叔当涂宰阳冰》，送给了他的叔叔。其中有一句是"群凤怜客鸟，差池相哀鸣。各拔五色毛，意重泰山轻"，这句话的意思是：小鸟掉到河里向凤凰们求助，凤凰们可怜这从别的地方飞来的小鸟，都把自己身上漂亮的羽毛拔下来，救这只鸟。这种情意很重，相比之下，连泰山都变得轻了。他在诗中表达了自己对叔叔的感激之情。

没多久，李阳冰把李白的夫人也接过来了。他把李白夫妇当成自己最亲的家人，没事的时候就谈谈政局，聊聊诗词。不知不觉中，一年就过去了。

第二年九月，李白的病情迅速恶化。十一月，他已经进入了垂危的状态。宗氏夫人连忙派人把伯禽和平阳接了过来，日夜守候在他身边。

一天夜里，李白望着天上皎洁的月亮，说："真美啊，像白玉做的盘子一样精致地挂在天上，依稀可以看到里面有

美丽的嫦娥和小仙女在跳舞，他们宽宽长长的衣带悠悠地飘着。忽然这个月亮慢慢地落下了，落到了水里。哎呀！"李白大叫一声，低头一看，月亮在水中飘荡着，依然那么美。我要把月亮捞上来，再挂到天上去。李白想着，就跳到水里捞月亮去了。"月亮哪里去了呢？"还没等李白看到月亮，忽然水中冒出来一条大鲸鱼，微笑着向他游来。然后驮着他，从水中跳出，又飞到天上去了。

"啊！"李白醒了，原来是一场梦。

李阳冰走到李白的床前，问："侄儿，很疼么？"

李白虚弱地说："叔叔，我只是做了一场梦。"他伸出手来，拉住李阳冰的手说，"叔叔，多谢您这一年多来的照顾，李白今生不能报答你了。"说着流下了眼泪。

李阳冰劝道："侄儿，我们是亲戚，又是朋友，你不要见外。再说，你一定会好起来的。"

李白喘了一会儿，断断续续地说："叔叔，你不用劝我了，我的病应该是好不了了，我想拜托叔叔一件重要的事情。"

李阳冰说："贤侄请讲，无论什么重要的事情，只要我能做到的，一定会替你做的。"

李白颤悠悠地从枕边拿出自己的诗稿，交给李阳冰，说："我一生作诗无数，多随口而成，留下的只有一少部分，大约有一千首。现在我把这些诗稿交给族叔您了。"

李阳冰一手握住诗稿一手握住李白的手，说："贤侄，你放心，我知道，你是一只大鹏鸟，你的诗一定会流芳后世的。"

"大鹏鸟，是啊！我是大鹏鸟。"李白的思绪又飞向了远方，"我张开翅膀飞翔，俯视天下，可惜刚刚飞到半空，翅膀就折断了，使不上劲。我驾着残余的风力，俯视万世沧桑，我挥舞着左袖，去游历太阳升起的地方。但是衣袖太长了，却被神树扶桑的枝杈挂住了……"他想到这里，无限感慨。他感觉到自己很快就要离开人世了，对此他并不畏惧，因为这是人生必然的归宿。他唯一感到遗憾的是，始终没有实现自己的理想。

"侄儿，你还有什么话要说么？"李阳冰问道。

"叔叔，请给我一枝笔……"

李白挣扎着坐起来，虚弱地写下他的绝笔《临终歌》：

大鹏飞兮振八裔，

中天摧兮力不济。

余风激兮万世，

游扶桑兮挂左袂。

后人得之传此，

仲尼亡兮谁为出涕！

这首诗的意思是：大鹏展翅远飞啊，振动了四面八方；飞到半空啊，翅膀摧折，无力翱翔。如今孔子死了，谁肯像他当年痛哭麒麟那样为大鹏的夭折而流泪呢？

不久，这位伟大的诗人就离开了人间。李阳冰按照他的遗愿，把他安葬在当涂附近的青山南面，让他永远能够俯视气势磅礴的长江。而在民间，还流传着李白没有死，他只是飞上了青天，当上了神仙。

李白确实没有死，他永远活在我们的心中！

李白 生平大事年表

公元701年　1岁　生于碎叶（现在的吉尔吉斯斯坦附近）。

公元705年　5岁　举家迁至蜀郡绵州彰明县的青莲乡。李白开始背诵《六甲》。

公元706年　6岁　李白看到一个老妈妈在溪边磨铁杵，悟出"只要功夫深，铁杵磨成针"的道理，开始发愤读书。

公元715年　15岁　观奇书，作赋，学剑术，好神仙。

公元718年　18岁　从师赵蕤，就读于戴天山大匡山上。

公元720年　20岁　遇到许国公苏颋，向他推荐自己，被苏老先生称为"天才英丽"，预言将成大器。同年，李白在庭州时，路见不平，与恶人交战，中了剑毒。经神医张待诏诊治，恢复了健康。

公元725年　25岁　南游洞庭湖，葬好友吴指南。同年，写《望庐山瀑布》二首，在江南遇司马承祯，作《大鹏遇希有鸟赋》。

公元726年　26岁　在广陵散金三十万。

公元727年　27岁　与宰相许圉师孙女结婚。

公元730年　30岁　春夏之交经南阳赴长安，住在终南山上。

公元731年　31岁　作《蜀道难》。同年，遇贺知章。

公元734年　34岁　与孟浩然游江夏，在黄鹤楼分别，写下《黄鹤楼送孟浩然之广陵》。

公元735年　35岁　大义营救郭子仪。

公元740年　40岁　李白的妻子许氏病逝。

公元742年　42岁　奉诏入京，写下《南陵别儿童入京》。

公元743元　43岁　醉草《和番书》，令高力士脱靴。同年，写下《清平调》三首。

公元744年　44岁　写下《月下独酌》。同年，被赐金放还、娶宗氏、遇杜甫。

公元746年　50岁　写下《梦游天姥吟留别》。

公元756年　56岁　经永王李璘三次遣使聘请，李白参加了永王的军队。写下了《扶风豪士歌》。

公元757年　57岁　永王兵败。李白被捕入浔阳监狱。宗氏夫人为之奔走营救，十一月，被定罪为长流夜郎。

公元758年　58岁　长流夜郎。

公元759年　59岁　行至巫山遇赦。

公元760年　60岁　游江夏等地，后寓居豫章。

公元761年　61岁　从军。行至金陵病发。至当涂。

公元762年　62岁　在当涂养病。写《临终歌》后去世。

李白生平大事年表